Peter Korneffel

Von Amazonien nach Galápagos

Streifzüge durch Ecuador in 30 Reportagen

HORLEMANN

Bitte fordern Sie unser aktuelles
Gesamtverzeichnis an:

Horlemann Verlag
Postfach 1307
53583 Bad Honnef
Telefax (0 22 24) 54 29
e-mail: info@horlemann-verlag.de
www.horlemann-verlag.de

Gedruckt in Deutschland

Inhaltsverzeichnis

VORWORT

„Fahr' nach Ecuador." Im Puppentheater in meiner Heimatstadt Münster saßen wir nach der Kasperaufführung zusammen, und ich fragte mich: Wohin geht deine nächste Reise? "Fahr' in mein geliebtes Ecuador", sagte mir die Freundin, die selbst aus Quito stammt. Und es sollte schon bald die längste Reise meines Lebens werden.

Beinahe sieben Jahre habe ich gebraucht, um Ecuador wieder loszulassen, um der Anziehungskraft dieses kleinen Landes auf dem Äquator Südamerikas, das mich schon längst in seinen Fängen hatte, allmählich zu entgehen. Ich liebte das Land leidenschaftlich, weil es mich immer wieder überrascht hat. Überwältigt war ich von den Naturspektakeln, von den Lichtern dieses Landes: Auge in Auge mit den Hammerhaien von Galápagos, zitternd in klirrender Kälte vor dem nächtlichen Wetterleuchten des Cotopaxi oder schweigend im Kanu zwischen den leuchtenden Augen der Kaimane im Regenwald.

Ich liebe die Ecuadorianer in ihrem Respekt, ihrer Kreativität, in ihrer spontanen Freundschaft zu uns Europäern, in diesen unzähligen kleinen Gesten der Freundlichkeit, wenn wir morgens in Quito gemeinsam im Fahrstuhl zu den oberen Büros fuhren. Andere haben mich erregt und erzürnt. Nicht unbedingt die Verkehrspolizisten, die mich so oft verhafteten, um den obligatorischen Nebenverdienst für die Hosentasche vergeblich einzutreiben. Aber mich haben die Beamten in den Haftanstalten erschüttert, die Kleindealer schlimmer als Tiere behandeln. Die unzähligen Korrupten in Politik und Justiz, jene Herren hinter den schwarzen Autoscheiben, die sich das Land mit Geld erkauften, das sie den Ärmsten skrupellos vorenthalten hatten, jenen Menschen, die dann schließlich am Zaun meines Hauses standen, ihre Kuh an der Leine, und um ein paar Büschel Gras bettelten – nein, noch nicht einmal bettelten, diese einfachen Menschen haben sich soviel Respekt bewahrt, dass sie meine Grashalme kaufen wollten.

„Hijo de puta" – vielleicht ist der „Hurensohn" nicht zufällig eines der verbreitetsten Schimpfwörter in diesem Land, das zuviele Männer zählt, die sich nicht nur die Frauen, sondern im Grunde das ganze Land für ihr Stundenglück erkaufen, unterdrücken und einfach wieder fallenlassen. Die Ordnungskräfte bestochen und ein paar junge Männer mit Macheten auf den Wagen geladen, haben die Freier des Landes den Muschelsammlerinnen von Esmeraldas bei Nacht und Nebel den Mangrovenwald aus dem Boden gerissen, um ihre Garnelenzuchten anzulegen. Sie haben ganzen Dörfern schlicht die Lebensgrundlage weggenommen, um dem Ruf des jungen Goldes zu folgen.

Die Faszination, die Liebe, aber auch diese Wut haben mich sieben Jahre bewegt. Wie ich Ecuador erlebt habe, wollte ich vermitteln, wo immer ich Platz in deutschsprachigen Medien fand, wo ein Redakteur offen war für die unglaublichen Dinge aus diesem wunderschönen und widersprüchlichen Land. Manchmal pfiffen sie mich glückerweise zurück: „Korneffel, das ist eine Liebeserklärung an die Haie, aber keine kritische Reisereportage!" Und manchmal haben sie mich gekürzt, weil noch eine Anzeige ins Blatt musste oder weil ich einfach zu lang geworden bin.

Ecuador war nicht nur die Pforte zu einem neuen Kontinent für mich, sondern auch zu einem neuen Beruf. Ich war bis dahin Kabarettist und Bühnenautor. An jenem Nachmittag im Kaspertheater überlegte ich, auch das zu verändern. Befreundete Journalisten und Redakteure haben mich darin bestärkt, für Printmedien zu arbeiten, haben meiner Schreibe vertraut und mich später immer wieder unterstützt.

Ich fing ganz klein an, wurde nie ganz groß, aber habe meine Entwicklung zu „unserem Mann in Ecuador" einigen Kollegen ganz besonders zu verdanken: Anke Bruns (Freie Journalistin), Ulla Schickling (Frankfurter Rundschau), Fritz Vorholz und Götz Hamann (Die Zeit), Martin Keiper (Eine Welt) und Rolf Bökemeier (GEO), um nur die wichtigsten zu nennen. Ohne euch hätte ich Ecuador nicht so beschrieben und erlebt. Ohne euch gäbe es dieses Buch heute nicht.

Die 30 Reportagen, Portraits und weiteren Artikel in diesem journalistischen Lesebuch sind in ihren originalen Printversionen oder andere auch in noch unveröffentlichten Langfassungen abgedruckt, gelegentlich leicht überarbeitet. Wo es sinnvoll und interessant erschien, habe ich in einem Anhang weitere Informationen und aktuelle Betrachtungen zu den Themen und

Menschen der Reportagen angefügt. Dank an dieser Stelle auch Christian Mihr für seine redaktionelle Mitarbeit an dem Buch und Siegmund Thies für die Jahre der Zusammenarbeit in Quito.

Die meisten Beiträge drehen sich um Themen aus Umwelt, Wirtschaft, Sozialem und Reise. Mehrere von den Reisethemen werden mittlerweile von der ZEIT für Leser und andere Ecuador-Freunde im Programm der ZEIT-REISEN angeboten und von mir betreut. Nicht nur deswegen werde ich Ecuador auch in Zukunft immer wieder bereisen – und beschreiben, in Liebe zu den Haien, schweigend im Kanu und ohne Schlips im Fahrstuhl.

Peter Korneffel im März 2003

DIE REISE NACH LATEINAMERIKA

SPIEL DER VERRÜCKTEN

Die Transatlantik-Passage auf dem Dreimaster „Rembrandt van Rijn“

Segeln hat nichts zu tun mit der Zwiebelmuster-Romantik von Freddy Quinn und seinen Kaffeefahrten-Gospels. Segeln ist Liebe. Kampf und erotisches Spiel mit der Natur. An einem Sonntagnachmittag auf dem Möhnesee kommt man sicherlich mit weniger trächtigen Worten und einer gut gepackten Kühltasche zurecht, um diese Faszination zu erahnen. Doch wir segeln jenseits aller Talsperren.

An Allerheiligen besteigt der Eigner des Dreimast-Gaffelschoners „Rembrandt van Rijn“ sein Schiff, während Hafenlieferanten in dem schmuddeligen Lagerhallenambiente des holländischen Vlissingen die Stauräume vollpacken. Etwas nervös schwört er die Crew auf die 6000 Seemeilen nach Zentralamerika ein: „Erstens keine Diskriminierung. Zweitens gilt ‚safety first‘. Und nun übergebe ich mein Schiff und die Crew dem Kapitaen Jan Keus.“ Wir nicken gespannt.

Wir, das sind elf Mann und eine Frau, die für das tägliche Salz in der Suppe sorgt, fussballerisch spräche man von Wattenscheider Verhältnissen, und wir sind so ziemlich das exakte Gegenteil einer eingespielten Crew. Ein Dutzend passionierter Pensionäre, verträumter Aussteiger und nimmersatter Segelnarren aus dem marinen Dreiländereck Holland-England-Deutschland, generationsturbulent von 19 bis 68, ehemalige Marines und ewige Pazifisten, wenn's dann hart kommt, also „Alleskönner“ und „Nichtsnutze“, zusammengestellt gerade einmal fünf Tage, bevor die Lieferanten die Frankfurter Würstchen hieven. Herzlich willkommen!

Die „Rembrandt“ war noch bis September auf Eisbärexpedition im Polarmeer um Spitzbergen und nimmt nun Kurs auf die karibischen Sonnen-

Die Rembrandt van Rijn auf dem Atlantik

bänke und Unterwasserträume. Den Törn nach Belize begleitet nur ein Passagier: John, ein umfangreicher Grußkartenverleger, erfüllt sich, zur Ruhe gesetzt, nun Träume jenseits aller Briefkästen.

„Es gibt Boote und Schiffe. Und dies hier ist ein Schiff", weiß der erste Maat um die Nuancen der christlichen Seefahrt. Theo, Seelotsenskipper vor Rotterdam a.D., mit 1,98 Meter der kleinste von vier holländischen Söhnen einer vielbestaunten Mutter, träumt von seinen Anfängen, als er als 17-Jähriger zweimal komplett die Welt umsegelt hat. „Jesus!" oder „Shit!", wirft der castrobärtige Bootsmann bei jeder Überraschung in den Wind. Er verabscheut Haie, schlechtes Wetter und die Tätowierungen, die er sich bei den miserablen Hafenritzern in aller Welt während der 50er zugelegt hat.

Der englische Kanal sei hinterhältig und die Biscaya mörderisch, versicherten mir die Daheimgebliebenen im deutschen Herbst. Doch der Wind liest weder Romane noch Wetterberichte. Im Kanal erwischen wir ihn ungewöhnlich stetig. Südost 6. Am dritten Tag fahren wir unter vollen Segeln und mit glänzenden Augen.

Die Geschichte der Rembrandt ist typisch für viele Schiffe aus dem Land der Charterweltmeister. Ab 1922 segelt der Schoner als Heringsfischer entlang der ebenfalls auf etlichen Lüneburger Kaffeefahrten gern besungenen Nordseeküste. Doch dann wird es tragisch. Anfang der 40er wird sie – Schiffe sind immer weiblich – von den Nazis verschleppt, vergewaltigt, entmastet und als Kanonenboot missbraucht. Wenige Jahre später dann kommt sie als Teil von Reparationen zurück nach Holland. Sie fährt nun als Frachter ohne Masten weiter, die Narben des Krieges tief im Stahl. Irgendwann in den 70ern wirft man sie weg. Ein Opfer auf dem Gabentisch der Marktwirtschaft, kaum bemerkt und ohne Feierstunde. 1992 kauft „Oceanwide Sail Expeditions" sie auf, einen Rumpf voll Schrott. Mit der Kraft der Marktes schweißen, zimmern und polstern die niederländischen Schiffsbauer binnen eines Jahres ein völlig neues Schiff in und auf die Stahlwanne der alten Dame, eine moderne Symbiose aus kanadischer Pinie, Rostocker Schiffselektronik und Air Condition, eine Begegnung von Lord Nelson und Käpt'n Iglo. Die Sonne versinkt.

Fred hängt über der Reling und „füttert die Fische". Das „Mörderische" an unserer Biscayapassage sind nicht die Stürme, es ist die Flaute. Ohne Segel motoren wir labil wie eine verwaiste Seifendose durch diese gefürchtete Bucht zwischen Brest und La Coruña, fallen zwischen jede Dünung, ohne Pause, ohne Gnade. Noch vor drei Tagen hielten wir es für die Schmuseseite der „Bay of Biscay": Sonne, knallblauer Himmel und eine Handvoll Möwen

Matrose Fred in der Spitze des Klüverbaums der Rembrandt

kurvte um die erhofften Reste nicht eingeholter Fänge über dem Heck der Rembrandt. Doch mittlerweile haben fast alle blaue Flecken. „Pas op!“ – Graffiti an den drohenden Ecken und Kanten der Hochseekombüse. Den Kaffee, den du dir steuerbord eingießt, kannst du backbord mit dem Kehrblech zu dir nehmen.

Fred, der 29-Jährige Bauzeichner aus dem nautisch wenig ambitionierten Winterberg, hatte sich das anders vorgestellt mit dem Beginn seiner Weltreise. Als „Working Passenger“ arbeitet er jetzt „Hand gegen Koje“ und einen Gulden am Tag an Segeln, Pinseln und Kartoffeln, freut sich auf die Karibik und seine Shorts. Nur haben Working Passengers auch in kurzen Hosen keine Langeweile, denn je schöner das Wetter, um so schöner wird das ganze Schiff – gestrichen!

Den täglichen Trost spendet das Schauspiel der Natur. Am frühen Abend verschmelzen Horizont und Sonne in einem unglaublichen Szenario, kitschig wie im Groschenroman und schön wie Helena. Ein Wolkenamboss wartet auf den letzten Wimpernschlag der Sonne. Eine Frachterbrücke, ein weißer Punkt am Horizont, die einzige Brechung auf dem dunkelblauen Wasserteppich. Sanft gesellt sich nun die müde Sonne dazu. Irgendwo muss sie noch ein Wölkchen aufgetrieben haben, das ihr das Geleit in den Untergang gewährt. Ein Windjammer sucht die Szene auf und schiebt seine Silhouette wie abgesprochen vor den dunkelgelben Ball, der wenig später in den Katakomben des Horizonts ein rotviolettes Feuer entzündet. Und schon stehen unsere Passionierten mit Sextant und Peiler am großen Kompass auf dem Hinterdeck und trotzen der Satelliten-High-Tech. Millionen von Sternen säumen die Milchstrassen über dem Atlantik. Unaufhörlich stürzen sich lebensmüde Schnuppen vom Dach des Himmelszeltes in die Tiefe, in ein Irgendwo. Ein Meteorit saust mit gelbrotem Feuerschweif in die Atmosphäre. Theo seufzt: „Weißt du, nach zehn Tagen auf einem Schiff werden alle verrückt."

Fern der portugiesischen Küste entscheidet Jan, Lissabon nicht anzulaufen. „Kurs Las Palmas", Stimmung gedrückt. Theo triezt die Betrübten: „Es gibt eben Segler mit Sonnenbrille und Seemänner mit Messer." Unbeeindruckt davon ist Ko. Mit 15 träumte er von einer Atlantiküberquerung mit einem Segelschiff. Heute mit 67 leuchten seine Augen, wie ich es nur von Kindergeburtstagen und hoffnungslos Verliebten kenne. Was ist schon Lissabon?! Was ist ein Gulden am Tag? Was heißt „alt"?

Plötzlich knallt es in den Segeln. Die Rembrandt zuckt. In der Höhe von Gibraltar kommt Wind auf. Fünf bis sechs. Und ab! Vier Mann aufs Vordeck, Niederholer lösen, Innenklüver hoch, „ziehen!", nein, die andere Leine, „give him a hand, Fred", einer an die Schot, gleichzeitig ziehen, „Shit!", wer hat diesen Knoten gemacht? Weiter, „once more!", ja, „come on!", sehr gut, „and again!", ja „one more", okay, „a last one". „Jesus!" Und jetzt den Aussenklüver, einer ins Netz, „are you ready?", okay, „and up" ...

Nach zwei Stunden stehen alle Segel bei beeindruckenden elf Knoten im Wind. Beim Mittagessen in der Messe ist die Welt wieder in Ordnung. Alternative Energien, russische Atomkraftwerke und Verpackungsmassen sind Stoff der regen Gespräche bei der vorzüglichen indonesischen Reistafel. Die Meinungen gehen unterhaltsam auseinander. Sind Heineken-Dosen „kleine Häuschen für die Fische"? Seemannsgarn ist noch eines der besten Recyclingprodukte auf Mutter Erde.

Die Gemütlichkeit droht zu kippen, als der englische Sender BBC uns „Süd 8 bis 9" androht. Justin, unser britischer Benjamin norwegischer Segelschule, meint: „Ich liebe die Stürme", was nicht gerade als Hommage an Pfadfinderfreizeiten im Westerwald gemeint ist und daher böse Blicke von Theo erntet. BBC irrte sich.

Noch drei Tage bis Las Palmas. Nachdenkliche Angespanntheit. Wie beaufsichtigt still ist es über den Briefbögen. Das Ganze erinnert mich unweigerlich an das samstägliche „Briefschreib-Silentium" im katholischen Knabenkonvikt. Gibt es das doch, dieses „Junge, fahr nie wieder ...", was in den Seniorenheimen vorweihnachtlich aus schlechten Kassettenrekordern plärrt?

Land in Sicht! Am 13. November 1994 erscheinen im Nebel der Ferne fast gleichzeitig erste Umrisse der beiden so bitter rivalisierenden Hauptinseln des Kanarischen Archipels. Voraus Gran Canaria. Steuerbord Teneriffa, beeindruckend hoch der Pico de Teide. Wie ein schwarzer Busen brüstet sich Spaniens höchster Berg über 3700 Meter empor aus dem weißen Wolkenmeer. Silbergraue Schlieren säumen seinen schneefreien Hof. Die „Große Kanarische" hingegen lädt unter ihrem tiefgrauen Mantel wenig ein. Einzelne Plantagenplanen blinzeln uns von der Sonne geblendet zu. Tomaten.

An Bord Festtagsvorbereitung, die Taue und Fender aus der „voorpiek", zum Gruß die spanische Flagge gehisst. Unter Deck steht eine unwiderstehliche Duftmischung aus Duschgel, Schuhcreme und Rasierwasser. Zwischen drei ankernden, herzlos heruntergekommenen Frachtern unter panamesischer Flagge warten wir, bis uns ein kleines Lotsenboot vorbei am weiß glänzenden Yachthafen neben ein Kriegsschiff an die „Texaco-Mole" geleitet. Bienvenido!

Zum Dinner gehen wir in die Stadt. Ein Feiertag für unsere Köchin Marjolijn, die für die Welt des Segelns, die Faszination Tauchen und unseren Maat ihre florierende Werbeagentur in Holland aufgegeben hat. Die Nacht wird lang, kurz der Schlaf.

Frischgemüse, Straßencafés und Postkarten bestimmen den nächsten Tag. Las Palmas' Menschen sind phantastisch, ihre Stadt eine Sünde mit Bauzaun. Die wenigen historischen Gebäude wie verfaulende Zähne in den Häuserreihen spanischer Betonbaukunst.

Abends steuere ich die Rembrandt aus dem Hafen auf ihre längste Etappe, die 2600 Seemeilen nach Barbados. Nachts landen jetzt immer häufiger fliegende Fische, von unseren Positionsleuchten verwirrt, auf dem Deck und später kopflos in der Pfanne. Am nächsten Morgen begrüßt uns eine Formation von Delphinen. Sieben silberne Schatten gleiten lautlos aus dem Nass, blasen durch ihr Atemloch, treffen sich zur nächsten Figur am Bug. Natürlich sind ihre Sprünge nicht so hoch wie bei den pseudoschnuckeligen Kinderbelustigungen fragwürdiger Delphinarien, „natürlich" nicht.

Wind kommt auf. Jan gibt das Kommando, alle Segel zu setzen. An Bord herrscht das bekannte große Treiben. Ächzen, Quietschen, Ziehen, Knoten, Schwitzen, „Shit!" und „Jesus!" Routine. Und als Sahnehäubchen unserer Takelage setzen wir heute ein zusätzliches Topsegel in den Schonermast. Längst im Bann des Lustspiels mit den Kräften der Natur, hieven sie mich in die Mastspitze. 56 Meter Schiff in einem unendlichen Blau!

Richtung Kapverden suchen wir nun den großen Wind. Es klingt fast wie bei der Schieberkripo von Frankfurt an der Oder: „Wir suchen einen rauen Passat, Kennzeichen Nordwest 5 bis 6." Fahndungserfolg nach sieben langen Tagen und Nächten. Und endlich geht es nach Westen. Abschied von afroeuropäischen Gefilden. Die Sonne beleuchtet das Spiel der Verrückten: John steuert, Fred übt Karate, der Kapitän spielt Gitarre, und ich schneide dem Maschinisten die Haare. Stargast ist „Evelyn", ein kleiner, weißer Reiher, der nur selten segelt, da er sonst auf afrikanischen Flusspferden nach Schutz und Parasiten sucht.

Zeit vergeht, Abläufe wiederholen sich, aber jeder Tag ist ein neues Rendezvous. Es wächst zusammen, was zusammen segelt, auch wenn gelegentlich scharfe Blicke die Masten umkurven. Das gehört dazu wie Lee und Luv, wie „Shit" und „Jesus". Am 2. Dezember erreichen wir Barbados, am dreizehnten Belize.

Reisereportage – Frankfurter Rundschau 21.1.1995

DER REGENWALD

SPAGAT IM BIOTOP

Im westlichen Amazonien wird ein einzigartiges Naturreservat für den Tourismus erschlossen.

Die Sterne am mondlosen Himmel Amazoniens spiegeln sich im Wasser der Lagune. Die Biologin dreht den Kopf. Der Lichtkegel ihrer Stirnlampe fährt über die Uferböschung. Der Nachtgesang der Frösche und Insekten bricht die Stille im Überschwemmungswald. Plötzlich erstarrt ihr Kopf, das Licht der Lampe dringt zielgenau in die Wasserwurzeln, wo zwei glühende Kohlen leuchten. Die Biologin hebt ihre Hand, der Mann am Paddel folgt dem Fingerzeig. Wie magnetisiert vom roten Funkeln gleitet der Einbaum auf die Glut zu: die Augen des Brillenkaimans im Lampenlicht der Forscherin. Schon sehen wir die herausragenden Augen des Reptils, als der Kaiman seinen gepanzerten Schwanz herumreißt, das dunkle Wasser peitscht und flieht. Die Biologin senkt den Kopf und notiert die Daten der Begegnung mit ihrem neunten Kaiman in dieser Nacht. Sie mißt Wassertiefe und Temperatur. Später im Camp an den Lagunas de Cuyabeno vergleicht sie die Daten ihrer nächtlichen Verhaltensforschungen, beschreibt, wie die Reptilien auf menschliche Besucher reagieren.

Dominique Alarcon, Biologiestudentin aus der ecuadorianischen Hauptstadt Quito arbeitet zusammen mit den deutschen Zoologen Antje Müllner und Albrecht Pfrommer von der Universität Würzburg und ihrer für die Vogelbeobachtung zuständigen Kommilitonin. Auch die deutsche „Gesellschaft für Technische Zusammenarbeit“ (GTZ) unterstützt die Tourismus-Impakt-Forschung seit Jahren im Rahmen ihrer Beratung der ecuadorianischen Forstbehörde INEFAN und der Ureinwohner. In deren Sprache heißt Cuyabeno „Land zwischen Wasser“.

Touristen sind Nutzer dieser weltweit einzigartigen Flora und Fauna im

Regenwaldreservat von Cuyabeno, doch sind sie auch Schädlinge? Wieviel und welchen Tourismus verträgt dieses sensible Ökosystem? Das internationale Forscherteam sucht gesicherte Indikatoren über Auswirkungen des Naturreisens auf die Tierwelt in diesem Teil Amazoniens, bevor Besuchermassen sich unkontrolliert auf den Lagunen, Flüssen und Waldpfaden von Cuyabeno tummeln. Nicht von ungefähr.

Schon 1993 resümierte der mexikanische Tourismusexperte Hector Ceballos-Lascurain von der „World Conservation Union" (IUCN) leicht euphorisch, „daß dieses Schutzgebiet mit seiner außergewöhnlichen Artenvielfalt und einzigartigen Schönheit eine noch populärere Attraktion für Ökotouristen werden kann, als die weltberühmten Galápagos-Inseln." Das freut die Reiseagenturen und erschreckt die Ökologen. Den vermeintlichen Streichelzoo Galápagos besuchen in diesem Jahr etwa 65 000 Touristen. Viele Zoologen sehen das Paradies der „verzauberten Inseln" dadurch akut bedroht. Galápagos besitzt bis heute keinen effektiven Managementplan, der sich auch mit den touristischen Folgeproblemen befaßt.

Droht dem Faunareservat Cuyabeno das gleiche Schicksal? Besonders gefährdet sind die exakt auf dem Äquator gelegenen Lagunen. Sie bilden das Zentrum der Reiseaktivitäten von etwa 15 Agenturen aus Quito und der Provinzhauptstadt Nueva Loja. In der sommerlichen Hochsaison liegt die Laguna Grande unter einem pausenlosen Schnurren der Außenbordmotoren, bevor sich die nächtlichen Kaimanexpeditionen gegenseitig die Tiere verscheuchen. Das traumhafte Tropenreservat könnte nach den Umweltschäden durch die Erdölindustrie schon bald, in einer Aera „post-petrolera", überbesucht sein. Abreise der Natur. Kritikerinnen des Lagunenbooms recherchierten, daß Bootsverkehr und Motorenlärm die vom Aussterben bedrohte Amazonasseekuh (Trichechus innunquis) spürbar aus der Seenplatte verdrängen. Zudem wird sie von den Indianern noch immer gejagt.

Die Quichua-Indígenas von Playas de Cuyabeno plagen andere Probleme: Entlang der Palmendächer ihrer Hütten am Rio Aguarico zieht schon seit Jahren das große Touristenschiff „Flotel" seine Bahnen, um vornehmlich betuchte und betagte nordamerikanische Gäste über kleine Holzplankenpfade in die Botanik zu führen. „Die Manager vom Flotel haben uns bloß als Hilfsarbeiter wie Zimmermädchen, Reinigungskräfte und Bootshelfer eingestellt. Sie zahlen dafür am Tag zwei Dollar. So etwas ist Ausbeutung! Aber wir haben viel von ihnen gelernt, gerade im Umgang mit Touristen. Jetzt arbeiten wir auf eigene Rechnung!" Die Versammlung der Quichuas stimmt ihrem Leiter Benjamín Chávez zu. In den letzten Monaten hatten sie in harter Gemeinschaftsarbeit aller Dorfbewohner vier große Cabañas aus reinen Naturstoffen gebaut. Jüngst entwickelten sie ein Rotationssystem, nach dem sie die Gäste führen, behüten und bewirten. Kein Mensch in Cuyabeno, der nicht irgendwie mit Touristen zu tun hat, so scheint es. Doch auch die Naturpfade und Wasserwege im Tourassic Park Cuyabeno sind nicht unbedingt Goldadern für einen besseren Lebensstandard in den armen Amazonasgemeinden. Ein paar Familien machen dort eine Menge Geld mit dem Vermieten von Cabañas an den sonst unbewohnten Lagunen. Einige andere haben Jobs bei den großen Agenturen aus Quito als Guides oder Bootsführer gefunden. Die schlechte Verteilung der Tourismuseinkommen hingegen beeinträchtigt das Gemeindeklima. Auch scheint das Geld aus dem sogenannten Ökotourismus bleibende kulturelle Schäden zu verursachen: Ein Meer von Bierdosen und Plastikmüll breitet sich über den Fußballplatz und zwischen den umliegenden Hütten aus. Das ist nicht schön, aber trotzdem sind die Bierdosen nicht das Hauptproblem. Drastischere Umweltzerstörung droht noch immer von anderer Seite: Die Reserva wird nach wie vor verschmutzt von der Erdölindustrie Ecuadors und seinen internationalen Partnern. Parkchef Luis Borbor liegt nicht selten im Streit mit den Ölsuchern des US-Konzerns City. Aber auch von staatlicher ecuadorianischer Seite bekommt er Druck: Öl sei von oberstem nationalen Interesse. Dabei soll Borbor gleichzeitig den Ökotourismus fördern – ein Spagat im Biotop.

Noch immer bringt das Erdöl der kleinen Andenrepublik fast die Hälfte seiner Deviseneinnahmen. Darunter leiden auch die Kaimane und Flußdelphine in den Lagunen: In die naturtouristisch ohnehin schon überfrequentierte Seenplatte fließen regelmäßig Ölreste und hochtoxische Förderflüssigkeiten, die in den westlich gelegenen Ölfeldern von Petroecuador austreten. Das bilaterale Forstprojekt PROFORS resümiert: „Auf diese Weise werden langsam aber kontinuierlich alle Wasserläufe der Region vergiftet, was eine Verseuchung der Böden, der Anbauprodukte und des Viehs, sowie ernste Gesundheitsprobleme für die Bewohner der Region zur Folge hat." Mehrfach in den letzten Jahren ließen Ölunfälle schwarze Klumpen in die Lagunenlandschaft treiben. Da hilft es wenig, daß die Ölfelder in einer 1994 ausgewiesenen Pufferzone jenseits des Reservats liegen. Auch die Nutzung moderner Fördertechnologien, etwa die Reinjektion von Bohrabwässern, kommt aus Kostengründen bisher nur langsam voran.

Bisher einmal und erstmalig in der ecuadorianischen Geschichte wurde auf Druck einer großen Interessengemeinschaft aus Indígenas, Tourismusindustrie, Forschung und INEFAN einer Erdölgesellschaft die Bohrerlaubnis innerhalb eines Naturschutzgebietes „wegen ökologischer, technischer und ökonomischer Gründe“ nicht erteilt. Tourismus funktionierte hier als schlagkräftiges Instrument des Naturschutzes. Ein zweifelsohne wichtiger Etappensieg. Ob ein solcher Ökoaufstand wiederholbar wäre, ist fraglich angesichts der Probleme durch den stark ansteigenden Tourismus. Zwar ist der Park nach langen Diskussionen mit allen Beteiligten mittlerweile in fünf Schutzzonen nach verschiedenen Nutzungskriterien eingeteilt, auch hat die große Cuyabeno-Konferenz Reiseregeln verabschiedet. Doch wer wird diese Errungenschaften überwachen? INEFAN als zuständige Behörde ist damit personell und logistisch völlig überfordert. Die zehn Mitarbeiter im Cuyabenopark sind mit ihren nur zwei Kontrollpunkten und dem Beschaffen eines funktionstüchtigen Außenbordmotors mitunter bereits voll ausgelastet.

Offensichtlich läßt sich das Reiseparadies langfristig nicht gegen den Druck des Marktes verteidigen. Mittelfristig arbeiten die GTZ und ihre ecuadorianischen Partner an der Einrichtung eines unabhängigen, multifunktionalen „Amazonaszentrum Cuyabeno“. Und der Exportschlager Erdöl? Zögen die Kaimane von Cuyabeno nur halb so viel Interesse auf sich wie einst der Kaiman „Sammy“ in einem nordrhein-westfälischen Baggersee, käme in Ecuador keiner auf die Idee, daß sich mit Öl mehr Geld verdienen ließe als mit ökologisch angepaßtem Tourismus.

Umweltreportage – Frankfurter Rundschau 4.10.1997

WASSERSCHWEIN ZUM FRÜHSTÜCK

Internationale Entwicklungsdienste unterstützen die Indígenas in einem „ökotouristischen" Regenwaldprojekt

Ein Hund liegt in der noch warmen Asche der Feuerstelle und schläft sich grau. Die Yucca ist längst gekocht. Die Indianerin sitzt auf dem Plateau ihres offenen Holzhauses und stampft die weiche Wurzel zu Brei, nimmt eine Handvoll in den Mund, kaut und spuckt ihn zurück in die große hölzerne Schale. Ein Totenkopfäffchen umtanzt die Zubereitungszeremonie des Chicha-Tranks und schmeckt das gärende Püree ab.

„Gracias. Das war schon sehr gut. Wir gehen jetzt noch einmal in die Nahaufnahme. Wie war der Ton?" Triefend naß geschwitzt von der Hitze Amazoniens dirigiert der Kameramann des Deutschen Entwicklungsdienstes die Alltagsszene aus dem Leben der Runa-Indígenas am Rio Curaray. Die Runas gehören zur Sprachfamilie der Quichuas und leben im ecuadorianischen Teil des Amazonasbeckens.

Galo Villamil ist Koordinator des neuen Tourismusprojekts in der Regenwaldprovinz Pastaza. Nachdenklich und mit selbstkritischer Miene verfolgt er etwas abseits stehend die Dreharbeiten: „Wir wissen auch nicht, was genau ‚Ökotourismus' ist. Wir wissen nur, daß es so wie bisher nicht weitergehen kann: Die Reiseveranstalter hatten das Kapital, und wir waren die Hilfskräfte. Sie schleusten hier ihre Gruppen durch, samt Fotoapparaten und Mückenschutz, aber Respekt vor uns und unseren Lebensformen war den meisten fremd. Geld blieb sowieso nicht."

Er und weitere 32 Indígenas aus den vier Dörfern des Ökotourismuspro-

Shuar-Familie in der Provinz Morona-Santiago

gramms ATACAPI wurden 1995 ausgebildet. Das ecuadorianische Büro der Friedrich-Ebert-Stiftung (ILDIS) finanzierte die Schulung der Indígenas zu lokalen Koordinatoren, Führern, Köchinnen und Kassenwarten. So etwas ist wichtig: Affen, Piranhas und Wasserschwein zum Frühstück sind eben nicht jedermanns Sache. Kochbananen und Yucca komplettieren auch nicht gerade das Menü fränkischer Schlemmermäuler. Die EG wiederum förderte die touristische Infrastruktur mit 20.000 US-Dollar: „Wohnen im traditionellen Stil, Wassertoiletten und Duschen, traditionelles Essen und touristische Küche, Ausflüge im Einbaum" verspricht nun das einfache ATACAPI-Faltblatt der Organisation der Indígenavölker Pastazas (OPIP).

Erst 1992 erlangte die OPIP die Landrechte über ihren historischen Lebensraum von der Regierung Ecuadors. Nach einem spektakulären zweiwöchigen Marsch einer großen Delegation aus 20.000 Quichua, Shiwiar und Záparos nach Quito gelang den Ureinwohnern der Wälder und ihren 136 Gemeinden der Durchbruch. Doch es sind Landtitel mit Haken. Ihr selbstverwaltetes Territorium erstreckt sich auf eine Fläche von 1,2 Millionen Hektar, aber es endet bereits 30 Zentimeter unter der Oberfläche. Was darunter liegt, gehört weiterhin dem Staat. Ein nicht unwichtiger Gesetzespassus, der Leben und Überleben der Indígenas maßgeblich mitentscheidet: Fast das gesamte Gebiet der OPIP ist bereits in Konzessionen an Erdölfirmen vergeben. Nach Jahren der Suche beginnt in diesen Tagen die erste Ölförderung in

Baumkronen im Nationalpark Yasuni

Pastaza. Das Öl aus dem Regenwald ist der Wirtschaftsfaktor, der dem Land fast 50 Prozent seiner Staatseinnahmen beschert und in großen Teilen im Nordosten Ecuadors bereits zur Verseuchung, Besiedlung und Entwaldung geführt hat. Ein Ökozid, der mit dem allmählichen Aussterben von Indígenas wie etwa den Cofanes einhergeht.

„Für uns sind die Touristen auch eine Öffentlichkeit gegen die Erdöllobby. Wir wollen unsere internationalen Gäste sensibilisieren für diese gigantische Umweltzerstörung durch die Ölkonzerne. Noch können die Besucher in den Flüssen baden, so hat auch die Natur ihren finanziellen Wert. Der Tourist will den Baum sehen." Galo Villamil weiß aber auch um die ungleichen Chancen seines neuen Wirtschaftszweigs. Die Ökotouristen werden Fördertürme ebensowenig aufhalten, wie seine Strohhütten für insgesamt 70 Gäste dem Öl vergleichbare Einnahmen erbringen.

„Ökotourismus selbst kann die Natur nicht erhalten, er kann aber Zerstörung verhindern", resümiert die deutsche Geoökologin Susanne Schmall die Philosophie von ATACAPI. Für den Deutschen Entwicklungsdienst arbeitet sie als Vollzeitberaterin des Tourismusprogramms. 1993 nach dem 6. Kongreß der Pastaza-Indígenas hatte die OPIP diese internationale Beratung eingefordert. Weitere drei Entwicklungshelfer wie auch ein Kameramann sind teilweise in die förderungswürdigen Ökoreisen in Ecuador eingebunden.

Der angepaßte Tourismus ist für die deutsche Entwicklungshilfe ein völlig neues Gebiet. Ist aber Ökotourismus tatsächlich ein wirksames Instrument des Naturschutzes und damit auch einer nachhaltigen Entwicklungshilfe? Susanne Schmall ist sich dessen in der Provinz Pastaza sicher, denn sie hat es bei ihren indigenen Partnern selbst nicht gerade mit sanften Umweltengeln zu tun: „Viele Indígenas gehen doch schon länger einer gewinnbringenden Tätigkeit nach. So kam es zur Überjagung und Überfischung ihres eigenen Gebietes. Machen wir uns nichts vor: Auch die Erdölfirmen sind gut zahlende Arbeitgeber."

Die Indígenas Amazoniens stehen unter starkem ökonomischem Druck. Große Teile von ihnen leben in extremer Armut. Das romantische Bild ihrer Ursprünglichkeit, Nacktheit und Wildheit ist schief. Fast alle hatten oder haben Kontakte zur modernen Welt, sei es durch Ölsucher, Missionare oder eben Touristen. Die Bedürfnisse vieler haben sich dadurch verschoben, Probleme vermehrt. Heute fehlt es an Medikamenten, Kleidung, Motoren, Treibstoff, Angelhaken, Reis und Zinndächern. Die Menschen suchen dringend – wer kann es ihnen verdenken? – nach neuen Geldquellen. Dabei gilt der Tourismus, verglichen mit der aufwendigen Kultivierung der nährstoffarmen Urwaldböden, als das „schnelle Geld". Schneller fließt allein as Öl.

ATACAPI ist ein Versuch. Zunächst vier der 136 Gemeinden nehmen auf eigenen Wunsch hin an dem Projekt teil. Bei vielen *comunidades* überwiegt die Angst vor einer kulturellen Invasion. Sie wollen die Fremden nicht an ihren Häusern. In vielen abgelegenen Gemeinden vermischen sich schlechte Erfahrungen der Bewohner mit klassischen Vorurteilen: „Die Gringos rauchen, nehmen Drogen, baden nackt und wollen mit den Indígenas schlafen." Auch in teilhabenden Gemeinden wie Curaray bleibt Skepsis. Vor allem das schlechte Vorbild für ihre Kinder und die Angst, die intensiven Mückenschutzmittel könnten andere Tiere vertreiben, führen die dortigen Tourismuskritiker an.

Etwas rauher weht der Wind in Pavacachi, einem jungen Ort, den aus der Stadt zurückgekehrte Indígenas mitten im Regenwald gegründet haben. Alberto Tapuy, der lokale Koordinator, gibt sich selbstbewußt. „Wir haben schon mit Siedlern gelebt, mit Weißen und mit Schwarzen. Dann können wir auch mit Touristen leben. Natürlich nach unseren Regeln . . ." Die Regeln für die Touristen sind klar: Alle Gäste wohnen in vom Dorf abgelegenen Hütten.

Kochhütte einer Huaorani-Familie

Niemand betritt uneingeladen die Häuser der Familien, Nacktbaden ist verpönt, rauchen und lärmen an den Salzlagunen, wo sich die Vögel, Affen und andere Tiere treffen, strengstens verboten. „Im Gegenzug halten wir unsere Kinder an, weder bei den Touristen zu betteln noch an ihre persönlichen Sachen zu gehen. Vermeiden wir also den gegenseitigen Schock", ergänzt Galo Villamil.

Es hat in Pastaza nicht den Anschein, als könne der Tourismus Wesentliches zerstören, glaubt man dem DED. Für die Richtigkeit dieser Beobachtung spricht, daß alle heute aktiv Beteiligten sich nach einem langen Diskussionsprozeß in ihren *comunidades* freiwillig dazu entschieden haben, sich der Gefahren weitestgehend bewußt sind und vor allem jederzeit wieder aussteigen können. So etwas geht beispielsweise in der Nachbarprovinz Morona-Santiago nicht. Im dortigen Amuntay hat ein finanzkräftiger Reiseveranstalter mit den Achuar-Indígenas einen Fünfzehnjahresvertrag über die Betreibung einer ökotouristischen Luxusanlage abgeschlossen. Die Achuarorganisation bekommt eine monatliche Pauschale und soll an den Einnahmen beteiligt sein.

In Pastaza hatte man mit ähnlichen Modellen in früheren Zeiten schlechte Erfahrungen gemacht. Die Indígenas bekamen ein Eintrittsgeld von den Reiseveranstaltern für das Betreten ihres Gebietes. In der Praxis dann war die Zahlungsmoral schlecht oder solche Gelder verschwanden nicht selten irgendwo beim Gemeindepräsidenten. Bei ATACAPI TOURS hingegen bleiben alle Einnahmen bei den Indígenas, einschließlich einer gemeinnützigen Gemeindeabgabe von vier Euro pro Tourist und Tag, so das gemeinsam beschlossene und getragene Konzept. „Bisher machen wir alles selbst. Wir würden uns aber auch sehr freuen, wenn uns andere Agenturen vermarkten. Nur unser Preis bleibt fest. Was die Reisebüros dann draufschlagen, ist uns egal." Auch Susanne Schmall ist gespannt auf die Früchte ihrer Arbeit. Während am Abend des 12. Juli 1996 acht belgische Gäste in Llanchamacocha mit Sekt zur Tourismustaufe von ATACAPI begrüßt werden, packt sie der Ehrgeiz: „Ich hoffe, gleich morgen zehn Spanier nach ihrer Galápagos-Tour abzufangen, um sie nach Pavacachi zu bringen."

Tourismus in einem derart sensiblen Lebensraum wie dem amazonischen Regenwald wird eine Gratwanderung bleiben, ob es nun „Ökotourismus", „Ethnotourismus" oder „Wild Life Action" heißt. Einen denkwürdigen Satz auf diesem Grat der Zukunft Amazoniens sprach der Entwicklungshelfer hinter der Kamera: Bei einer Besprechung der Dreharbeiten zu dem DED-Film, aus dem auch ein ATACAPI-Werbefilm ausgekoppelt wird, erklärt der Filmer Siegmund Thies den in einem Schulraum von Curaray gespannt versammelten Indígenas: „Wir sind hier, um Ihre Kultur zu verkaufen." Und er meinte es gut, nachhaltig gut.

Sozialreportage – Frankfurter Rundschau 31.8.1996

UMWELTPARK IM MINENFELD

In ihrem Friedensabkommen regeln Ecuador und Peru den Status ihrer einst umkämpften Grenze im Regenwald

Der Militärhubschrauber dröhnt über die Urwaldkronen im Cóndor-Gebirge. Seit 20 Minuten nichts als tiefgrüner Dschungel. Plötzlich senkt er sich wie im Fahrstuhl auf eine schon nicht mehr für möglich gehaltene winzige Lichtung. Im tiefen Schlamm unter laufenden Rotorblättern verschwindet die Besuchergruppe in dem Stückchen Regenwald, für das Hunderte ihr Leben ließen, Mittelpunkt eines der letzten Kriege Lateinamerikas, Sinnbild für den patriotischen Stolz von zwölf Millionen Ecuadorianern: Tiwinza.

Seit dem Friedensvertrag der vergangenen Woche mit dem einstigen Erzfeind Peru genießt dieser menschenfeindliche Fleck eine Art tropischen Berlin-Status zu Zeiten des Kalten Krieges. Auch erinnert es an die gallische Festung im von Rom besetzten Frankreich zu Asterix' Zeiten.

Tiwinza ist jedoch weder Dorf noch Gemeinde, wird weder als Militär- noch als Polizeistützpunkt dienen. Keine Straße führt bisher in dieses Niemandsland. Allein die hier lebenden Shuar-Indianer schlagen mit der Machete Waldpfade in das Dickicht des Cóndor-Gebirges.

Ecuador und Peru haben in ihrem historischen Friedensabkommen die Einrichtung zweier ökologischer Parks am Ort ihrer letzten militärischen Auseinandersetzung von 1995 besiegelt. Das Cóndor-Gebirge am oberen Rio Cenepa wird von der neuen Park- und Landesgrenze durchzogen. Tiwinza ist genau ein Quadratkilometer dichter tropischer Regenwald auf peruanischer Seite, der laut Vertrag Hoheitsgebiet Ecuadors ist. Ein maximal fünf

Ein ecuadorianischer Soldat wacht im Regenwald

Meter schmaler Waldweg soll den Ecuadorianern nun freies Geleit von ihrem Umweltpark in das einst so hart umkämpfte Tiwinza auf der anderen Seite sichern.

Auch der kleine und bei Regen reißende Rio Cenepa bietet keinen Zugang nach Tiwinza. Eine Orientierung ist nahezu unmöglich. Wenige hundert Soldaten waren an diesem Stützpunkt von 1995, unter schwarzen Plastikplanen vor den Niederschlägen geschützt, stationiert. Nach offiziellen Angaben sollen 28 ecuadorianische Soldaten den Tod gefunden haben. Bei dem feierlichen Staatsbegräbnis und der Errichtung eines Ehrenmals in Quito schlossen die Ecuadorianer die „Helden von Tiwiniza“ für immer in ihre Herzen. Überlebende Helden wurden die Spezialeinheiten der ecuadorianischen Shuar, die in erfolgreichen Nahkämpfen der logistischen Überlegenheit Perus trotzten.

Der auf keiner internationalen Landkarte ausgewiesene Ort steht für das, was auf Zigtausenden von Schulheften in Ecuador gedruckt steht: „Ecuador war, ist und wird Amazonasland sein“, auch wenn der Amazonas über Tiwinza gar nicht direkt zu erreichen ist. Söhne, Kneipen und Apotheken werden seit 1995 zu Hunderten „Tiwinza“ getauft.

Dieser eine Quadratkilometer Wald wiegt den Ecuadorianern so viel, daß sie seit dem Krieg mit Peru von 1941/42 erstmals den Verlust von einem Drittel ihres Staatsgebietes zu verschmerzen scheinen. Die Mehrheit der Peruaner hingegen ist erbost.

Was auch immer das von den Garantiestaaten des Friedensvertrags – Brasilien, Chile, Argentinien und den USA – ausgearbeitete Modell zweier nationaler Umweltparks in der Praxis bedeuten wird: Tiwinza und das Cóndor-Gebirge sind seit 1995 extrem stark vermint. Nach Schätzungen der internationalen Beobachtergruppe und Wegebereiter des Vertrages, MOMEP, liegen 15.000 Landminen in den Waldböden der nur wenige Kilometer zählenden und einst umstrittenen Grenze. Und die Minenpläne werden von beiden Seiten bisher unter Verschluß gehalten, soweit sie überhaupt existieren.

Feature – dpa 1998

PIPELINE DURCHS PARADIES

Die Indianer im ecuadorianischen Regenwald und ein einzigartiges Vogelparadies werden von einer neuen Erdöl-Pipeline und der Verdoppelung der Ölfördermengen bedroht. Der Staatspräsident hat allen Gegnern des umstrittenen Projekts den „Krieg" erklärt

Schönes Land. Indianisch, spanisch, ein wenig afrikanisch. Hand aufs Herz, Ecuador, doch sei nicht eitel. So vielfältig an Kulturen und die artenreichsten Wälder der Erde. Ein Traumpfad vom immergrünen Amazonas-Tiefland über deine verschneiten Vulkane bis hinunter in die tropischen Ebenen deiner Küste, deiner tausend Kilometer langen Strände, deiner kühlen Kokosmilch unter der gleißenden Äquatorsonne.

Sattes grün und farbige Vogelpracht. Archaische Bergwelt, aber kaum ein Fleckchen Boden, der nicht jeden Samenwurf mit einem Spross und einer Blüte dankt. Hätten nicht die Geographen Ecuadors Berge und Wälder auf dem Nullgrad in der „Mitte der Welt" entdeckt – die Zeremonienmeister der Kulturen würden diese Linie über die Felder dieses Landes ziehen, zum Schmuck der Schöpfung. Denn kaum etwas Edleres kann die Nordhalbkugel und den Süden unserer Erde miteinander verbinden.

Doch am Abend des achten Tages schien der Schöpfer trunken. Oder wie sollen wir uns das erklären? Am achten Tag nahm ER einen langen Stab und hieb ihn in den Boden der Regenwälder. War es so? An jenem Abend machte ER das Öl. Und das Öl macht aus Ecuador ein anderes Land. Es pumpt und sickert schon 30 Jahre.

Tief in der immergrünen satten Wildnis leben auch die Huaoranis, stolze Waldindianer wie Tigue, deren jahrtausendelanges Nomadenleben in Nacktheit und Kräftemessen mit der Natur sich scheinbar unausweichlich dem Ende neigt, wie auch ihre Leibgerichte Wollaffe und Wasserschwein. Ihre lebenslange Wanderung endet nun in ihrem ureigenen „Indianerland", das ihnen Ecuadors Regierung zugesprochen hat. Die Familien-Kultur dieser Jäger und Sammler endet frontal an der Versorgungsstraße eines Erdölkonzerns.

Denn unter dem Indianerland liegt Petroland – unter den Füßen der Huaoranis fließt das Eigentum der Regierung, verlaufen die Arterien der ecuadorianischen Wirtschaft. Dort liegt der Grundstoff für die im Winter warmen Wohnstuben und die geregelten Einspritzmotoren am Standort Deutschland: *Petróleo* – Erdöl.

„Was ist jetzt mit den Betten?", fragt folglich Tigue. Wortkarg, aber beharrend steht der Huaorani in seiner grünen Turnhose am Schuppen der wissenschaftlichen Forschungsstation des Nationalparks Yasuní. Indianerland und Petroland sind auch Forscherland. „Du hast gesagt, du willst mir Betten geben." Tigue vergisst so etwas nicht.

Der Indianer meint seinen deutschen Freund Friedemann Köster, Direktor der Regenwaldstation zwischen Erdölanlagen und neuen Siedlungen der Huaoranis an der Straße der *Petroleros*. Nachdem der spanische Erdölkonzern Repsol den Huaoranis Zement und Wellblech schenkte und gelegentlich mit der Motorsäge aushilft, wollen Tigue, seine Frau Yero und die acht Kinder natürlich nicht auf dem Betonboden schlafen. Jeder Orthopäde gäbe ihnen recht. Köster blickt verschwitzt und zweifelnd auf die alten Bettrahmen aus der Station: „Jetzt sehen sie natürlich, wie die Petroleros und die Forscher in solchen Häusern schlafen…"

Eine Stunde später entladen die beiden das Kanu an Tigues Anlegestelle am Rio Tiputini. Der Zoologe Friedemann Köster in Diensten des Deutschen Entwicklungsdienstes (DED) und der Katholischen Universität von Quito hätte sich auch in schlechten Nächten niemals erträumen lassen, was er an diesem Morgen tut: Er schraubt einer der letzten Huaorani-Familien im amazonischen Urwald Holzbetten zusammen und passt die Lattenroste ein. „Aber haben wir das Recht, diesen Menschen zu verweigern, fortan in Betten zu schlafen?" Köster ist nachdenklich. Tigue strahlt durch die offenen

Repsol-Ingenieur Carlos Guerrero bei der Inspektion einer Pumpenanlage

Türen seiner Zahnreihen, und die Kinder tanzen auf den Latten. Köster schüttelt den Kopf und kann sich ein Lächeln ob dieses dubiosen Familienglücks nicht verkneifen.

Kein Platz für Wald und Waldmenschen

Gut drei Jahrzehnte Erdölförderung haben in großen Teilen des ecuadorianischen Regenwaldes verheerende Schäden angerichtet. Denn die Ölsuche setzt einen zerstörerischen Lauf in Gang: Ölförderung braucht Straßen. An denen siedeln Zuwanderer, lange Zeit sogar mit staatlicher Förderung. Die Siedler fällen den Wald für Weiden und Ackerbau. Die Ökosysteme von Wald und Waldmensch weichen somit den Plantagen, Ölfeldern und neuen Städten.

Das ist nichts Neues für uns, wohl aber für Männer wie Tigue. Noch vor gar nicht all zu langer Zeit haben die Huaoranis ihre Wollaffengebiete, die sie immer nur unter sich aufgeteilt hatten, gegen jeden Fremdling mit der Lanze verteidigt: Anfangs gegen die Spanier – Eroberer, Abenteurer und Mönche. Später gegen die Kautschuksammler und Goldsucher, dann gegen die eigene Regierung und gegen die Missionare des „Linguistischen Sommer-Instituts", und schließlich gegen die Ölarbeiter. Noch 1987 haben sie

Bischof Alejandro Labaca mit 14 Lanzen durchbohrt. Die Erdölkonzerne wollten ihn für einen „friedlichen und freundschaftlichen Kontakt mit den Wilden“ benutzen.

Heute setzen sich immer mehr Waldindianer mit Konzernen wie Repsol, Agip oder Alberta Energy an einen Holztisch und reden über Außenbordmotoren und Schulhefte. Die Firma dankt. Für Förderrechte und den Frieden. Entwicklungshilfe wie die von Friedemann Köster bedeutet heute, die Kette der Zerstörung zu durchbrechen, irgendwie ein Zusammenleben von Menschen mit gelben Helmen und denen mit harten Lanzen zu moderieren. Beim nächsten Besuch gibt es Matratzen.

Gerade 2001 hat Ecuador die Chance vertan, sein gewaltiges wissenschaftliches, touristisches und pharmazeutisches Potenzial besser zu nutzen. Stattdessen will die Regierung die Erdölproduktion binnen zwei Jahren verdoppeln und setzt nun auch die verbleibenden intakten Regenwälder und Lebensräume der indianischen Waldvölker unwiederbringlich aufs Spiel.

Selbst der leitende Repsol-Ingenieur in Yasuní, Carlos Guerrero, sieht es kommen: „Wir sind bereit, uns nach dem Ablauf unserer Förderkonzession vertragsgerecht zurückzuziehen und alle Anlagen und Straßen zu renaturieren. Aber bis dahin wollen weder die Indianer noch die Regierung auf unsere Straße jemals wieder verzichten...“

Mehr noch. Die geplante Verdoppelung der Erdölförderung – unter Beteiligung von Repsol – setzt eine neue Pipeline voraus. Und die führt in weiten Teilen entlang der alten rostigen Röhre. Doch selbst dort wo sie davon abweicht, passiert sie gebirgige Erdbebenzonen mit bis heute allerhöchster Biodiversität, unter anderem Vogelschutzgebiete von Weltrang.

Bereits die direkten Umweltschäden durch die bisherige Erdölförderung sind dramatisch: Allein durch Bersten der alten Haupt-Pipeline in bisher 48 Fällen seit 1970 drangen 74 Millionen Liter Rohöl in die Flüsse, Wälder und Felder Ecuadors. Schon 30 Menschen ließen bei den Unglücken ihr Leben. Die Umweltschützer und aufgebrachte Indianer gehen auf die Barrikaden.

Die Regierung Ecuadors rüstet derweil zur Schlacht. Ihre Ölsoldaten kämpfen verbissen um die neue Pipeline, als flöße Öl in ihren eigenen Adern. Vielleicht ist es so. Der Ober-Ölsoldat heißt Gustavo Noboa und lehrte lange Jahre an der Katholischen Universität zu Guayaquil, der Millionenmetropole an Ecuadors Pazifikküste. Nach einem verratenen Staatsstreich gelangte der Mann mit dem Bart vor knapp zwei Jahren an die Macht über Ecuador. Die Generäle erklärten ihn zum Staatspräsidenten. Und Noboa gebärdet sich seither als Vasall der Erdölindustrie.

Shuar-Kinder

Nichts scheint ihm im angehenden Jahrtausend heiliger als die neue Pipeline, jenes Hochdruckrohr für die schweren Öle – *Oleoducto de Crudos Pesados* (OCP). Dabei kommen nach Berechnungen von Experten höchstens zehn Prozent der Investitionen auch dem Land zugute. Das staatlich geförderte Öl darf laut Vertrag ebenfalls nur gegen Gebühr in geringem Umfang durch die OCP fließen. Nationale Wirtschaftinteressen werden demnach in bedenklichem Maße einem privatwirtschaftlichen Investment untergeordnet. Die „neue Erdöl-Ära Ecuadors" läutet absehbar das Ende der Huaoranis und ihrer Nachbarvölker ein.

Noboa bleibt unbeirrbar. Als fessele er sich an die schmierige Wertschöpfung der Investoren aus den Tiefen der Regenwälder, keifte Noboa die versammelten Reporter bereits im Frühjahr an: „Allen, die mir das Pipelineprojekt schlecht machen, erkläre ich den Krieg!"

Warum stellt sich der Präsident nicht offen den Fragen der Umweltschützer, besucht die Menschen, die in Angst vor dem Gift der Pipeline leben, erwägt zumindest eine alternative Route für die Röhre? „Va, porque va!" schreit Gustavo Noboa in pulsierender Zornesröte an anderer Stelle, eine Wortdrohung aus dem Pfuhl der politischen Argumentation: „Es wird gemacht, weil es gemacht wird!"

Die Deutsche Bank im fernen Frankfurt wird dieses Kriegsgeheul ver-

Zwergfrosch im Natíonalpark Yasuní

kraften. Sie hatte sich öffentlich „wegen der Umweltproblematik“ aus der geplanten Finanzierung der neuen Pipeline zurückgezogen.

Aber an der neuen OCP-Route leben Menschen, die jetzt in ihrer Existenz bedroht sind. Darunter auch die deutsche Biologin Heike Brieschke und ihr ecuadorianischer Mann Pedro Peñafiel. Die beiden Naturführer leben mit ihrer kleinen Tochter ein paar Stunden nördlich der ecuadorianischen Hauptstadt Quito in den Berg-Nebelwäldern von Mindo, einem der artenreichsten Vogelparadiese der Erde.

Ihr Alltag hat sich spürbar verändert, seit „es gemacht wird“. Während Heike täglich Hunderte von Kolibris mit süßem Wasser vor ihrem Blockhaus verwöhnt, sitzt Pedro ein ums andere Mal in Seminarräumen, kirchlichen Einrichtungen oder auch auf Bulldozern, um den Mitbürgern und Politikern die Kehrseite des schwarzen Goldes zu erklären. Dabei kämpfen sie eigentlich nur für eine Route mit weniger Umweltschädigung.

„Alles begann im April letzten Jahres. Unbekannte haben nachts eine Schneise in den Wald geschlagen“, berichtet Pedro in einer Bildungsstätte der Salesianer nahe der Hauptstadt. „Die Trasse haben sie dann mit Holzpflöcken abgesteckt.“ Das war überraschenderweise bereits sieben Monate, bevor Präsident Noboa den Pipelinebau offiziell ankündigte. Pedro und andere Bewohner der umliegenden Dörfer reichten eine Klage ein. Ein Jahr nach dieser Nacht- und Nebelaktion wurde die verantwortliche Firma „Techint“ schließlich vom Gericht zu 13.852 Dollar Strafe wegen illegaler Zerstörungen in Schutzwäldern verurteilt.

Wettgemacht mit einer Hand voll Dollar. Denn die Ingenieure und Fahrer von Techint sitzen wieder fest im Sattel der schweren Maschinen. Heute bauen sie zum Schrecken von Pedro und Heike die neue Pipeline für 1.200.000.000 Dollar. Sie führt fast genau über die Route, die sie damals in den Nächten abgesteckt hatten, kilometerlang durch den Schutzwald Mindo-Nambillo, einen Steinwurf von Heikes Kolibri-Tränken entfernt. All die Pflöcke haben sie mittlerweile glaubwürdig mit einer orange leuchtenden Plastikfahne gekennzeichnet: „Gefahr“.

Heike Brieschke, leidenschaftliche Biologin und Umweltschützerin, die erst seit kurzem über Strom in ihrem einfachen Holzhaus verfügt, bekommt in diesen Zeiten viel Zuspruch von ihren ehemaligen Kollegen im Museum Alexander Koenig in Bonn. Aber auch Freunde vom Verband Christlicher Pfadfinder des Landes Niedersachsen unterstützen sie und den Naturschutz im Nebelwald: Sie werben offen für „Unterstützung und Solidarität mit Heike, Pedro und alle Beteiligten, gerade jetzt wo das Projekt und die Region neuen Bedrohungen ausgesetzt sind", hieß es auf der letzten Landesversammlung.

Radikalere Umweltschützer von „Rettet den Regenwald" und „Greenpeace" schlagen derweil in Düsseldorf Alarm. Denn die neue Pipeline und ihre möglicherweise verheerenden Folgen für Menschen und Natur sind nicht deswegen deutsche Angelegenheiten, weil Friedemann Köster im Urwald nachdenklich Betten baut oder weil Heike Brieschke im Nebelwald liebevoll die Kolibris tränkt.

Die Bürger Nordrhein-Westfalens, ihre gewählte rot-grüne Landesregierung und die Kunden der Sparkassen ermöglichen im Wesentlichen den Pipelinebau: Denn die öffentlich-rechtliche West LB finanziert den beteiligten Erdölkonzernen den Löwenanteil an der neuen OCP-Pipeline. Die größte Investition in der Geschichte Ecuadors, diese 503 Kilometer Stahlröhre von den Regenwäldern über die Andenpässe und Nebelwälder bis zum Pazifik, sind auch eine deutsche Pipeline.

Umweltreportage – Eine Welt im Februar 2002

DIE ANDEN

MEDITATION UNTER NULL

Trekking auf der Straße der Vulkane

Die Anden sind die Alpen Südamerikas und doch unverwechselbar: vulkanisch, indianisch, gigantisch. Was dort den amerikanischen Subkontinent von der Karibik bis nach Feuerland in eine atlantische Landmasse und einen pazifischen Küstenstreifen teilt, ist nicht einfach ein Gebirge. Die Anden schreiben Erdgeschichte und Legenden. Sie sind ein unvergeßliches Abenteuer für jeden, der dort in seine Wanderschuhe schlüpft.

Im strahlenden Blau des Äquatorhimmels besteigen wir in der zweithöchsten Hauptstadt der Welt den Überlandbus. Quito ist Ausgangspunkt unserer sechstägigen Treckingtour durch die Bergwelt der Quechua-Indígenas auf der „Straße der Vulkane", wie Alexander von Humboldt den Gebirgszug 1802 beschreibt.

Auf der Fahrt nach Osten Richtung tropischer Regenwald schraubt sich der Bus auf einen 4100 Meter hohen Paß, wo sich die Eisflächen, die wir immer wieder zwischen den stumpfen Gipfeln und steilen Schluchten gesehen hatten, nun spätestens zu einem unglaublichen, bizarren und nahezu dämonenhaften Berg in weißestem Weiß zusammensetzen. Er heißt Antisana. Besondere Kennzeichen: mit 5704 Metern vierthöchster Berg Ecuadors und aktiver Vulkan, der auch heute Dampf und rote Asche spuckt. Der Bus hält schließlich in einer scharfen Linkskurve an der strohbedeckten Garküche. Eine Indianerin reicht dort dem Fahrer gekochte Maiskolben, während er auf die stille Lagune von Papallacta blickt. Dann erklärt sie unserer zweiköpfigen Expedition den Einstieg in den Canyon des Rio Tambo.

Die wellige Graslandschaft mit ihren idyllischen Bächen trügt. Der Boden auf unserer ersten Etappe ist schwer. Zwischen nassen Tritten der wilden

Berglagune Cuicocha

und halbwilden Pferde mühen wir uns, unser Schuhwerk trocken zu halten. Dem Schlick der rostroten Lavaasche wären wir im Sattel besser entkommen, nicht aber im Bergschuh und mit 30 Pfund Zivilisation im Rucksack. Barfuß überqueren wir eine eiskalte Furt im Heidegestrüpp und steigen nun den Bergrücken des Cosango hinauf, bis wir nach fast drei Stunden endlich den See entdecken, an dem wir unser erstes Camp errichten wollen, an der

Laguna Tumiguina. Klare Wanderwege gibt es kaum, und wenn, dann zu viele, denn die Wildpferde und Hochlandkühe haben andere Sorgen, als den internationalen Trekkingfans den Pfad zu ebnen. Am Spätnachmittag erreichen wir die Lagune. Unser Zelt schlagen wir in ihrem Delta auf, herzlich begrüßt von zwei Kuhhirten und ungläubig bestaut von zwanzig Augenpaaren ihrer Tiere. Verschwindet die Sonne, wird es empfindlich kalt zwischen den Viertausendern, und wir sind froh, genügend Brennholz am See zu finden. Der Mond scheint.

Am nächsten Morgen liegt Nebel flach auf dem Wasser. Vögel trinken am Ufer. Einer der Hirten kommt bereits mit fünf Fischen vom morgendlichen Fang zurück, während wir uns aus den Daunen rollen.

Der zweite Tag beginnt mit dem Weg durch das steinige Delta eiskalter Gebirgsbäche und setzt sich fort im Anstieg durch ein Labyrinth von Pferdepfaden. „Páramo" heißt diese einzigartige Graslandschaft über der Baumgrenze der Anden – Feuchtwiesen mit Punagras, dazwischen Inseln und Streifen von Flechten und Moosen. Schließlich eine andine Agavenart, deren Blütenstämme wie Schneestangen im Wind stehen. Überrascht stoßen wir auf Wald jenseits der Waldgrenze. Quinoa, eine Rosenbaumart, die zusammen mit den Himalaya-Kiefern zu den höchstangesiedelten Bäumen der Welt zählt. Wohl nur mit derartigen Extremwerten wurde Ecuador bezogen auf seine Fläche zu einem der artenreichsten Länder der Welt.

Hinter dem Wald verlieren wir den Weg in den Wegen, und querfeldein laufen wir auf den Antisana zu, bis uns Wolken den Wegweiser entwenden und auch der Fünftausender zur Rechten im Milchweiß des Wasserdampfs versinkt. Nur mit dem Kompaß kommen wir weiter. Wir atmen schnell gegen den dünnen Luftdruck an. Das Punagras verschwindet allmählich, doch das Einsinken ins Moos macht die Beine schwer. Endlich, auf 4400 Metern erreichen wir den anvisierten Sattel, belohnt vom Öffnen der Wolken. Erschöpft, aber noch nicht höhenkrank rasten wir in der warmen Sonne. Die vier Gipfel des Antisana und das Staubfeld seiner vulkanischen Lunge erscheinen hinter dem Wolkenspiel wie eine immer wiederkehrende Vision auf dem Bildschirm der Natur.

Hinter dem Bergsattel ein Kessel, von eiszeitlichem Gletscher geformt. Ein unwirklicher Ort. Braune stille Steppe zwischen schroffen Flanken des Antisanilla, des kleinen Antisana, und der hohen „Loma Chosalongo Grande". Zehn kleine Seen wie dunkle Pfützen in der ungeahnten Weite. Quaderartige Vulkanblöcke liegen wahllos herum. Auf dem Boden des Kessels brechen schwarzweiße Krähen kreischend die Stille. Überall liegen Knochen irgendwelcher Wirbeltiere. Ein morbides Ambiente, unheimlich und phantastisch zugleich.

Noch vor Abend erreichen wir das zweite Camp. Nur durch einen kleinen Fluß sind wir von etwa 3000 Schafen getrennt. Es waren also Knochen von Schafen im „Todeskessel“, denke ich. Aber wie sind sie umgekommen? Krank oder alt verendet? Geschlachtet auf der Weide? Gerissen vom andinischen Puma oder vom Andenfuchs? In der Dämmerung ziehen die beiden Schäfer mit der Flinte los zum Jagen. Doch dann plötzlich rennen sie auseinander, einer zur Flußfurt, wo er einen großen Steppenbrand legt, der andere zurück zur Schäferhütte, aus der er ein Lasso holt. Unbeeindruckt von dem Szenario liebäugelt ihr Schäferhund treufeuchten Blicks mit unserer italienischen Pasta im Aluminiumtopf. Es ist eben nicht sein Job. Aber auch die Schäfer bekommen das knapp vorbeigaloppierende Wildpferd nicht in die Schlinge. Ohne Beute beenden sie die Jagd. Schon im matten Mondlicht treiben sie ihre Tiere unter lautem Protest der Jungtiere auf die kahle Nachtweide, bis uns bald das Schweigen der Lämmer in bitterkalte Stunden entläßt. Schon um halb acht kriechen wir in unsere Schlafsäcke.

Um 1 Uhr früh wache ich auf. Draußen klirrende Kälte und ein glühender Dreiviertelmond. Der Antisana, mächtig und nahe wie im Vorgarten, ein gewaltiges Monument im Mondweiß, umringt von Millionen von Sternen. Doch woher kommt dieses Leuchten? Ich drehe mich um und sehe den Vulkankegel des Cotopaxi. Ein Gewitter von Wetterleuchten macht ihn so bedrohlich schön, daß ich denke, er bricht aus. Stumme Blitze fast alle zehn Sekunden. Die Anden strahlen in der Nacht und mittendrin die 5900 Meter Fels im Gletscherkleid – Berge, die im Zusammenspiel mit Nebelfeldern, Gestirnen und Blitzen hypnotisieren. Meditation unter Null. Erst spät merke ich, wie sehr ich friere.

Am folgenden Morgen weckt uns die Sonne. Der Páramo liegt unter Raureif. Das Zelt ist gefroren, außen vom Tau, innen vom Atem. Die Herde im gleichen Weiß wie die Wiesen. Es ist Samstag. In der Ferne sehen wir drei Landrover auf dem Weg zur Gipfelexpedition Antisana, wo das Trekking aufhört und das Eissteigen beginnt. Ich koche Kaffee.

Nach der Frostnacht auf 4000 Metern beschließen wir, unsere geplante Route mit Camps in noch größerer Höhe zu ändern. Anstatt in westliche Richtung des rotfelsigen Sincholagua mit seinen 4893 Metern trekken wir nach Süden weiter auf den nur fünfzehn Meter niedrigeren Gipfel des Quilindaña zu. Schon nach gut einer Stunde erreichen wir über eine Bergschulter die Laguna de Mica, einen der größten Bergseen Ecuadors, auf dem gerade eine Handvoll Angler ihr Wochenendglück sucht. Nach drei Flußüberquerungen schlagen wir uns in das mit Karte und Kompaß auserkorene Tal des Diguchi und im weiteren auf seinen südlichen Grat, wo wir eine spektakuläre Passage im Páramo zwischen 4000 und 4300 Metern erwandern. Die vier Großen dieser Andenregion sind bei besten Sichten bis in den späten Nachmittag hinein unsere ständigen Begleiter: Cotopaxi, Antisana, Sincholagua und der Quilindaña, der sich, geformt wie die Kathedrale von Sacre Coeur, aus seinem Gebirge erhebt.

Unsere experimentelle Alternativroute über die Grate unterbrechen wir für das nächtliche Camp an einer Flußmündung im Tal. Am nächsten Tag machen wir dann Bekanntschaft mit einer ganz besonderen Spezies von Andenbewohnern: pechschwarze Stiere, wie sie Schnapsbrenner in Andalusien nicht besser postieren könnten, bilden eine bedrohliche Silhouette vor dem Eisgipfel des Cotopaxi. Auge in Auge stehen wir uns gegenüber. Die kräftigen Tiere ahnen wohl nichts Gutes, schnauben und verschwinden schließlich vom Grat. Über uns kreisen schon länger zwei Bussarde und warten nur darauf, daß wir ihnen ein Kaninchen vor die Krallen scheuchen. Gegen Mittag erreichen wir die Hazienda Yanaurco, an deren gleichnamigem Fluss wir unser schönstes Camp errichten und uns erholen.

Am nächsten Tag wandern wir zum Quilindaña, an dessen Fuß sich eine spiegelglatte Seenplatte auf über 4000 Metern erstreckt. Nach einem letzten Camp an einer Hazienda, wo uns eine indianische Familie zu Käse, Kartoffeln und Wildkaninchen einlädt, laufen wir unter den südlichen Eisflanken des Cotopaxi nach Westen, überqueren noch einen windigen Sattel und begegnen bald einem Pick-up-Fahrer, der uns über eine staubige Piste aus dem Nationalpark nach Latacunga an die Panamericana bringt. Menschentrauben. Wir realisieren, dass wir sechs Tage lang nicht einem einzigen Wanderer begegnet sind. Der nächste Bus fährt uns nach Quito, diesmal entlang der Westflanke des Cotopaxi, und noch immer schweige ich bei seinem Anblick.

Reisereportage – Frankfurter Rundschau 6.5.1995

ZWISCHEN WALLSTREET UND WEBSTUHL – PEGUCHE MEETS HAMBURG

Die Otavalo-Indígenas aus Ecuador entwickeln ein weltweites Handelsnetz mit Kunst, Kopien und Kommerz – Eine „Re-Conquista" mit Tücken

„Mein Enkel ist gerade für fünf Monate auf Japantournee, aber hier habe ich zwei CDs von seiner Gruppe, die sie '93 in Kanada aufgenommen haben", erzählt Segundo Conejo zwischen dem Schnurren der alten Singer-Nähmaschine und dem Klackern eines seiner drei Pedal-Webstühle im Familienbetrieb in Peguche. „Condor meets the Eagle" heißt eine der CDs, die sein Enkel auch schon in den Fußgängerzonen von Hamburg, Münster und Frankfurt präsentiert hat. Mit einem Strahlen auf seinem stolzen indianischen Gesicht präsentiert Segundo Bandfotos von der Reeperbahn: fünf lachende Otavalo-Indígenas, tiefschwarz ihr langes Haar, gebunden zu dem traditionellen Pferdeschwanz. Die Strahlenden umringt von einer nicht minder begeisterten Schar blonder Engel aus der Hansestadt.

Peguche ist ein 400-Seelen-Dorf bei Otavalo, 80 Kilometer nördlich der ecuadorianischen Hauptstadt Quito, inmitten der südamerikanischen Anden und 2500 Meter über dem Niveau des Pazifik. Und so manche Münze, die in Freiburg oder Köln in den Kasten der „pífano"-Pfeife fällt oder auf den deutschen Flohmärkten gegen eine gewebte Weste mit Inkamotiven den Besitzer wechselt, wird dort oben in den Anden in einen Sack Reis investiert.

Das mag romantisch klingen. Doch die Idylle der 4000jährigen Handwerkstradition in den Hochlanddörfern um Otavalo ist einer Massenproduktion zur Versorgung eines weltweiten Handelsimperiums gewichen. Schwerpunkt Kleidung. Seit den 70er Jahren lösen die elektrischen Webstühle, meist Gebrauchtimporte aus der Bundesrepublik, die alten Holzwebstühle ab, und in Peguche rattert und knallt es aus allen Fugen. In Otavalo selbst hatte man die Webmaschinen schon bald darauf verboten wegen der Lärmbelästigung und zum Schutz der Kinder.

Etwa 25.000 Otavaleños produzieren und vermarkten heute Kleidung, Schmuck und Musik. Ihre Brüder und Schwestern arbeiten weiterhin in der extremen landwirtschaftlichen Produktion, die Ärmsten an den Grenzen der Kultivierbarkeit – an Berghängen bis in Höhen von 4000 Metern.

Zurück ins Tal. „Wir produzieren, was gefragt ist. Wenn mein Zwischenhändler aus New York anruft und sagt, die Vogelmuster laufen nicht mehr gut, stellen wir sofort um. Zur Zeit sind fast überall Fischmuster in Mode. Wir haben auch schon Instrumente, Otavaleños und Inkamotive gewebt, ganz nach Saison, ganz wie die Nachfrage", kennt Enrique in seinem kleinindustriellen Familienbetrieb die Gesetze des Markes genau. An einer der besten Universitäten Ecuadors hat er Betriebswirtschaft studiert. An seinen zwanzig Webstühlen läßt er hauptsächlich für die Märkte in den USA, Argentinien und Chile produzieren. Baumwolle und synthetische Stoffe kauft er in Kolumbien ein. Die nationale Baumwollproduktion kann mit dem Exportvolumen aus Otavalo schon lange nicht mehr mithalten.

Der Kommerz ist gut organisiert. Durch den Wirtschaftsraum des Andenpaktes zahlt Enrique keine Importzölle. Das Ministerium für Außenhandel räumt den Otavaleños beizeiten exklusive Steuerrabatte ein. Und fast alles geht durch die Luft: in wohl keiner anderen Kleinstadt des gesamten Kontinents haben so viele internationale Fluglinien und Air-Cargo-Firmen ihre Niederlassungen. Bei IBERIA in Otavalo ist man zufrieden, denn Europa ist einer der Hauptabsatzmärkte: „Ein gut laufender Familienbetrieb verschickt bei uns im Monat zwischen 1000 und 1500 Kilo Kunsthandwerk", erzählt die freundliche Frau am Luftfrachtschalter. „Der Dezember ist Hochsaison für Wollwaren, von April bis August läuft fast alles. Die europäischen Depots sind in Brüssel, Frankfurt und Amsterdam."

Und was da so alles läuft, ist fürwahr beeindruckend. Dabei exportieren die Otavaleños außer ihrer Musik eigentlich keine Waren, die ihrer eigenen Kultur entstammen, es sei denn, das Kopieren selbst begreift man als Teil ihrer Lebensart. Muster, Schnitte und Formen kupfern sie ebenso in Peru und Guatemala ab, wie auch im ecuadorianischen Cuenca und Salasaca. Das macht sie nicht gerade sonderlich beliebt unter Lateinamerikas Indígena-Völkern, doch der Respekt für ihre teils ausgezeichneten Kopien und den selbstorganisierten Welthandel gebührt ihnen allemal. Etwa ihre eigene Trachtenkultur ist überhaupt nicht gefragt: Die buntbestickten Rüschenblusen, die goldfarbenen Schmuckketten, ihre halboffenen Segeltuchsandalen und die verschiedenen schweren Baumwolltücher, so wie sich die Otavaleña kleidet, waren noch nie in Mode, verständlich, denn man muß es auch tragen können. Die Otavaleña kann.

„Die anderen kopieren doch auch, nur wir sind eben etwas schneller", verteidigt Enrique den ganz alltäglichen Kulturpfusch in Peguche und kann sich ein Grinsen nicht verkneifen. Mit seinem Maschinenpark, in dem auch 12-Jährige für umgerechnet zweieinhalb Dollar am Tag die bunten Fischmusterrucksäcke weben, ist er auch fein raus. Gearbeitet wird meist im Akkord. Und mit seinen internationalen Kontakten ist er ebenfalls weit entfernt von der „Maultiertreiberei", mit der noch seine Vorfahren die Handarbeiten von Wochenmarkt zu Wochenmarkt gebracht haben, oft in mehrtägigen Märschen nach Quito.

Die Arbeitsbedingungen in der Handelsmetropole der Provinz Imbabura haben sich im Laufe der Kleinindustrialisierung zwar spürbar verbessert. Nur haben die meisten Otavaleños keine eigenen Maschinen. Viele arbeiten daher als Lohnabhängige in den ratternden Betrieben ihrer Blutsbrüder.

Händler wie Segundo Conejo haben keinen Partner in New York, der kurzer Hand per AT&T die neue Mustermode anfordert. Auch fehlt ihm das Kapital für kurzfristige betriebliche Umstellungen, wenn der Markt nach neuen Schnitten ruft.

Die Massenproduktion der bei IBERIA wohlbekannten Familien drückt zudem kräftig aufs Preisniveau. Und wenn die kleinen Weberfamilien beim Verkauf an die Zwischenhändler an die Schmerzgrenze der Selbstkosten geraten, stellen sie sich schließlich selbst an die Straße und auf die Plätze.

Doch die Tücken des Handels setzten sich für viele auf dem Binnenmarkt fort: So wenig wie die Ausländer die Rüschenblusen kaufen, interessieren sich die übrigen Ecuadorianer für das Otavalo-Handwerk. Gerade einmal kleine Rucksäcke und einzelne Wollsachen verkaufen sich im kühlen Hochland.

Die Kleinstadt Otavalo mit ihren 20.000 Einwohnern ist Südamerikas Handwerksmarkt schlechthin. Den jährlich über 400.000 Ecuador-Touristen ist der Markt mindestens so bekannt wie die Galápagos-Inseln und die Hauptstadt Quito.

Der Otavalo-Markt ist ein Phänomen. Wem der Binnenmarkt kulturbedingt verschlossen bleibt und der Export technisch nicht gelingt, der lässt die Besucher aus aller Welt einfach auf den Hausmarkt kommen.

Unbestrittener Mittelpunkt ist die „Plaza del Poncho", die die Stadt extra für den „Artesanías"-Markt hat anlegen lassen. Das Warenangebot scheint grenzenlos zu sein, entsprechend die Konkurrenz.

Der „gringo" mit den Dollars ist jedoch meist gut informiert über das Preisniveau und übt sich fleißig im Herunterfeilschen der erhofften Gewinnspannen der Händlerinnen. Geschick oder auch Arroganz der reichen Besucher paaren sich nicht selten mit den traurigen Verhandlungsergebnissen. Die einst goldenen Marktzeiten in Otavalo sind für die Indígenas vorbei. Allerdings hat auch die Qualität der Waren sichtlich nachgelassen: viele Artikel sind mit heißer Nadel genäht, am heißen Stuhl gewebt. Ein Resultat der Massenfertigung. Noch immer gibt es aber die hervorragenden, hochwertigen Handarbeiten, nur muß der Tourist, der sich am samstäglichen Kunstmarkt durch den Klamottendschungel schiebt, länger suchen. Und er hat eine Menge kulturbanausischer Hürden zu nehmen, denn am Otavalosamstag versammelt sich mittlerweile fast alles aus halb Ecuador, was dem Gringo was zu bieten hat. Das Angebot reicht bis zu Taschenrechnern, Fernsehantennen und Folienwindeln. Kapitalismus ist bunt.

Daraufhin sind viele von dem absolut übersättigten Markt in Otavalo auf den Straßenhandel in Quito oder in fast jeden größeren Ort Ecuadors ausgewichen, bis hinaus auf den Galápagos-Archipel. Evolution eines Marktes, würde Charles Darwin es heute nennen.

Von Nischen, Lücken und Platzierung spricht auch der Ökonom. Doch der Spielraum ist klein: Luis Humberto, ebenfalls aus Peguche und heute Straßenhändler in Quito, begann als Vierjähriger am Pedal-Webstuhl und mußte damals noch im Stehen arbeiten, weil seine Beine zu kurz waren. Wirtschaftlich geht es seiner eigenen Familie heute aber kaum besser als seinen Vorfahren, denn auch seine Konkurrenz ist riesig, gerade in der Hauptstadt.

Im Zusammenspiel von Angebot und Nachfrage hat der Tourist einen ungeheuren Einfluß. Kleine wirtschaftliche Katastrophen wie 1995 der Grenzkrieg mit Peru und folgend ein rückläufiger Besucherstrom bringen weitere

Indígenas an und unter das Existenzminimum. Nun warten viele auf eine ökonomische Rettung wie etwa in den 80ern durch den europäischen Pulloverboom.

„Der Samstagsmarkt von Otavalo spiegelt eine ökonomisch, sozial, politisch und kulturell hochkomplexe Dynamik wider, und ... er befindet sich in einer Übergangssituation", resümieren bereits 1988 ecuadorianische Sozialforscher. Doch während die Marktdynamik in dem Andenstädtchen neun Jahre später scheinbar unbeirrt pulsiert, sprechen die internationalen Händler von Exporteinbußen und die ersten beginnen, vor dem Verkauf die „Made in Ecuador"-Etiketten zu entfernen.

Der Einfluss von Handel und Produktion auf das gesellschaftliche Leben ist derart überdimensioniert, daß traditionelle Kulturformen der Otavaleños angepaßt werden und Netze sozialer Sicherheit reißen. Die generationenbewußte solidarische Hochlandfamilie ist in Otavalo – doch nicht nur dort – ein Auslaufmodell. Symptomatisch, dass nirgends sonst in Ecuador eine derart hohe Konzentration von obdachlosen Bettlern im Greisenalter die Straßenränder säumt, besonders Samstag vormittags am Ponchoplatz. Touristen magnetisieren.

Die Otavaleños haben binnen 40 Jahren ein kleines historisches Wunder vollbracht: sie haben die Eroberung durch die Spanier und deren klerikalen Anhang samt Enteignung, Versklavung und Ausbeutung regional überwunden. Zu über 70 Prozent haben sie ihr Land und die Haziendas von den Mestizen zurückgekauft, und sie kaufen weiter. Auch „der Rassismus ist zurückgegangen, denn die Mestizen sind mittlerweile ziemlich zivilisierte Menschen", bemerkt Luis Humberto. Der Webstuhl und die Marktwirtschaft schreiben eine indianische Erfolgsstory. Doch diese beschreibt nicht den Aufstand eines unterdrückten Volkes. Es ist der ökonomische Triumphzug einer „indigenen Bourgeoisie", mit ganzer kapitalistischer Wucht.

Reportage – „Welternährung" im Juli 1995

HANDELSWARE KIND

Unter dem Druck extremer Armut „vermieten" indianische Eltern in Ecuador ihre Töchter an wohlhabende Händlerfamilien ins In- und Ausland. Bei dem illegalen Geschäft werden jedoch viele der Mädchen misshandelt und landen in der Sklaverei.

„Ich bringe Ihnen mein Kind gesund und in gutem Zustand." Mit diesen Worten übergab der Kleinbauer Francisco M. im vergangenen Februar seine 13-Jährige Tochter dem Kinderhändler Antonio Charco. „Keine Bange, das Mädchen wird gut behandelt", suchte Charco den verängstigten Vater bei der Übergabe in dem Dorf Santiago de Quito am Colta-See zu beruhigen. Dafür, dass Francisco M. Antonio Charco für ein Jahr die Gewalt über seine Tochter Angela übertrug, erhielt er 80 US-Dollar als erste von zwei Raten bar auf die Hand. Das illegal erkaufte „Verfügungsrecht" kostet den Kinderhändler umgerechnet eine Mark am Tag – und bringt ein Mehrfaches an Gewinn.

„Man darf den Eltern in den Landgemeinden nicht einfach vorwerfen, sie würden ihre Kinder verstoßen", urteilt Bischof Victor Corral in der ecuadorianischen Provinzhauptstadt Riobamba. „Es ist die drückende Armut, die viele Familien zu solch ausweglosen Aktionen zwingt." In der Tat: der Kinderhandel blüht – besonders im indianischen Hochland der Provinz Chimborazo. Hochsaison für ecuadorianische Kinderschlepper ist die Karnevalszeit im Frühjahr. „Die neue Sklaverei" nennt dies der amerikanische Soziologe Kevin Bales in seiner gleichnamigen und viel beachteten Studie. Die

Menschenhändler seien „die Sklavenhalter von heute" und „wie Raubtiere, die jede Schwäche wittern".

Mündlich vereinbarter Menschenhandel wie der zwischen Antonio Charco und dem Kleinbauern Francisco M. ist unrechtmäßig – genau wie die Pseudoverträge des Anwalts Dr. Angel Guillermo Condo in dem Dorf Guamote. Da heißt es scheinbar harmlos am 6. März 2001: „Die Vertragspartner David Asitimbay Charco und Ana Maria Casagallo Quishpe unterhalten ein gut gehendes Textilgeschäft in Venezuela, und so ergab sich die Notwendigkeit, eine Hilfskraft zu suchen, die beim Verkaufen mitarbeitet."

Aufgrund solch unverfänglich formulierter Verträge unterzeichnen lokale Polizeivorsteher oder Militärkommandeure in Ecuador wertlose Übertragungsdokumente, die aber an den Grenzen nach Kolumbien und Venezuela offensichtlich wirken. Die Kantone Colta, Guamote und Palmira Tixan sind die Zentren des ecuadorianischen Kinderhandels. Aber auch in der nordecuadorianischen Provinz Imbabura gedeiht der internationale Handel. Die meisten Opfer landen in Venezuela, in den Metropolen Caracas und Maracaibo.

Maria aus einer Gemeinde in Palmira Tixan ist bereit, von ihrer Zeit als vermietetes Kind zu sprechen: „Sie haben mich nicht misshandelt wie andere Mädchen, die nach Kolumbien gebracht wurden", berichtet die heute 16-

Jährige. „Mein Patenonkel hat mich vor drei Jahren nach Cali mitgenommen, wo ich für ihn Kleidung verkauft habe. Ich hatte immer Sehnsucht nach Zuhause und habe viel geweint. Aber sie haben mich nie geschlagen."

Marias Eltern, die die Familie kaum noch zu ernähren wussten, erhielten einen Jahresmietpreis von 60 Dollar. Die damals 12-Jährige Tochter erwirtschaftete den Textilhändlern in Kolumbien hingegen Umsätze von wöchentlich bis zu 2.000 Dollar. Eine gewaltige Rendite auf dem Rücken der Menschenrechte.

Die Situation in Chimborazo ist komplex. Seit Jahrzehnten stellen reiche Familien in Ecuador billig zu entlohnende Hausmädchen ein, meist Minderjährige. Indianische Kinder werden dabei bevorzugt, da sie als arbeitswilliger gelten: Mangels Bildung und Aufklärung kennen sie ihre Rechte oft nicht, sie beherrschen die Amtssprache Spanisch meist nur wenig, und die Indianerkinder ziehen den Vergleich mit der erschreckenden Armut zuhause. Denn dort verzweifeln die Eltern daran, dass ihre kleinen Felder die Familie nicht mehr ernähren. Andere Arbeit gibt es kaum. Fatale Folge: Die Kindersterblichkeit hat in einzelnen Gemeinden erschütternde 40 Prozent erreicht.

Als einige Familien in Chimborazo ihre florierenden Geschäfte im Textilhandel auf die nördlichen Nachbarländer Kolumbien und Venezuela ausweiteten, nutzen sie ihre guten Kontakte in den Heimatdörfern, um minderjährige Billigarbeitskräfte für den Straßenhandel im Ausland zu rekrutieren. Wenn sie erst einmal rechtlos und ohne Dokumente jenseits der Landesgrenzen auf der Straße leben, droht den ecuadorianischen Kindern weiterer Missbrauch: in Bordellen, im Drogenhandel und – so mehren sich die Anzeichen – auch in chirurgischen Kliniken.

Dass sich die vermeintlichen „Patenonkel" tatsächlich liebevoll um ihre Nichten kümmern, ist meistens Illusion, wie Franklin Canelos, Landesleiter der christlichen Hilfsorganisation „World Vision", berichtet. „Wir wurden im März erstmals direkt in einen Fall hineingezogen", erzählt er. „Wir wussten zwar von der Existenz der Händler, von der Kinderarbeit im Ausland als Hausmädchen, Straßenverkäufer oder auch als Kinderprostituierte. Doch erst seit März sind wir in unseren Projekten akut betroffen." Seitdem gehört World Vision zusammen mit Staatsanwaltschaft, Menschenrechtlern und anderen Nichtregierungsorganisationen zu den Gründern des „Netzes gegen den Kinderhandel". Denn seit Anfang des Jahres überwinden sich immer mehr Eltern und Kinder und packen aus. Unterstützt von Hilfsorganisationen und regionalen Tageszeitungen hallt ein Aufschrei durch das Hochland des Chimborazo. Und dazu hat auch Angelas Geschichte beigetragen.

Ihr Vater Francisco M. berichtet: „Angela musste riesige Kleiderballen tragen und ist oft unter der Last zusammen gebrochen. Dann zogen sie ihr die Sandalen aus und schlugen sie am ganzen Körper. Nachts haben sie mein Kind nicht ins Haus gelassen, sondern oft wie einen Hund vor die Tür geworfen." Im Juni erreichte den Vater die überraschende Nachricht, seine Tochter sei zurück in Santiago de Quito. Seit Februar hatten er und seine Frau nichts mehr von Angela gehört. Sofort fuhren sie in das Händlerdorf am Ufer des Colta-Sees und suchten ihre Tochter.

Den Eltern bot sich ein Bild des Schreckens: Angela lag schwer atmend in einem Haus der Familie Charco. Die 13-Jährige war stark unterernährt und ihr Körper mit blauen Flecken übersät. Ihre Haut war an mehreren Stellen aufgeplatzt. Spätere Untersuchungen ergaben zudem, dass sie an einer akuten Tuberkulose litt. Das Mädchen hatte in dem kolumbianisch-ecuadorianischen Grenzstädtchen Puerto del Carmen unter ständigen Beschimpfungen wie „Du bist nichts wert!" als Sklavin im Kleiderhandel gearbeitet, die Verpflegung bestand tagelang bloß aus Kochbananen und Wasser.

Der Vater wollte seine misshandelte Tochter sofort in ein Gesundheitszentrum bringen. „Aber die Familie Charco erklärte, Angela habe versagt und ihre Arbeit noch nicht abgeleistet. Wenn wir sie mitnehmen wollten, müssten wir erst die angezahlten 80 Dollar zurück geben." Das war mehr als ein halbes Monatseinkommen für die achtköpfige Familie. Francisco M. war völlig verzweifelt und wandte sich an das Projekt von World Vision in Guamote.

Mit Hilfe der Organisation konnte Angela schließlich befreit und in ein Krankenhaus gebracht werden. Eine Anzeige wegen schwerer Körperverletzung nahm die örtliche Polizei jedoch nicht an. Nach einem ärztlichen Gutachten sagten die Charcos immerhin die Übernahme der Behandlungskosten zu. Doch selbst diese Leistung sind die Kinderschlepper bis heute schuldig.

Angela ist heute physisch auf dem Weg der Besserung. Doch das Kind ist traumatisiert und spricht fast nicht über die Zeit an der Grenze. Ihr Elternhaus verlässt sie bis heute kaum. Auch ihr Vater erzählt von den Geschehnissen nur im Schutz des Büros von World Vision, geduckt in einer Ecke des kleinen Raumes in Guamote. Sein Gesicht soll unerkannt bleiben, aus Scham und Angst. Draußen vor dem Fenster hallen die Stimmen vom Rummel des Markttages.

Der Projekt-Koordinator von World Vision im südlichen Chimborazo, Alberto Cifuentes, kann mittlerweile auf erste Erfolge im Kampf gegen den Kinderhandel verweisen: „Wir haben es geschafft, die Staatsanwaltschaft zum

Eingreifen zu bewegen. Wenn wir sie von einem Fall unterrichten, schalten sie direkt die neu gegründete Kinderschutzpolizei ein." Ein erster Schritt. Allerdings verschleppt die ecuadorianische Regierung seit Jahren die Ratifizierung der 1998 unterzeichneten „Interamerikanischen Konvention zum Handel mit Minderjährigen" der Organisation Amerikanischer Staaten (OAS).

Erreicht haben die Kinderschützer, „dass die Kinderhändler mit ihren schweren Jeeps nicht mehr direkt in die Indianergemeinden fahren", berichtet Cifuentes. Allerdings kommen sie nun donnerstags auf den Markt von Guamote. Dort, wo der Preis für einen Zentner Kartoffeln dieses Jahr auf einen Dollar gefallen ist, hoffen die Schlepper nicht ohne Grund auf Eltern, die verzweifelt an den schwarz getönten Autoscheiben stehen und schluchzen: „Nimm mein Kind mit!" Die Kinderhändler und Sklavenhalter bevorzugen mittlerweile fast nur noch Mädchen von 11 bis 17 Jahren, da ihnen männliche Jugendliche zu oft weggelaufen sind. Aber auch jüngere Kinder ab 7 Jahren sind unter den „verliehenen Arbeitskräften" – ein Raub der Kindheit. Eltern, die ihre Kinder vor Ablauf der „Mietzeit" zurückfordern, hören Einschüchterungen, wie „Die will gar nicht mehr zurück" oder „Dein Kind ist vom seriösen Weg abgekommen" oder „Deine Tochter ist einfach weggelaufen".

Die Bekämpfung dieser Form der neuen Sklaverei ist schwierig. Die Händler kommen aus benachbarten Gemeinden oder Familien. Im Gewand des „Patenonkels" oder leiblichen Onkels verschleiern die Schlepper den Tatbestand. Zwischenhändler aus den eigenen Familien wiederum verdunkeln die eigentlichen Drahtzieher. Und: harte Kinderarbeit ist leider etwas ganz Alltägliches in Chimborazo.

„Seit einiger Zeit haben wir in den weitestgehend evangelischen Gemeinden von Palmira Tixan ein neues Problem", sorgt sich Alberto Cifuentes. „Die Zahl evangelischer Gruppen ist unüberschaubar geworden, und viele wollen von Transparenz und Zusammenarbeit nichts wissen. Besorgt machen uns außerdem Fälle, in denen sich Kinderschlepper als Pastoren oder Prediger ausgeben." Das Wort Gottes wird dann ebenso missbraucht wie die Kinder selbst. World Vision sucht dagegen den ökumenischem Schulterschluss mit dem progressiven Bischof Corral in Riobamba. Ihrer beider Mission lautet: Kinder schützen, Bewusstsein schaffen und Armut bekämpfen.

Die Feste am Fuß des 6310 Meter hohen Vulkans Chimborazo werfen ihre Schatten schon wieder voraus. Die Kinderhändler werden wieder mit ihren großen Autos anrollen, kein Wunder bei den exzellenten Bedingungen für die Textilmafia: Im Staub stehen staunend die rechtlosen Arbeitskräfte

Miriam Cunduri aus der Provinz Chimborazo ist Mitglied des Kinderparlaments von Ecuador und war Delegierte auf dem Weltkindergipfel der UNO.

der neuen Saison, minderjährig, aber einsetzbar wie Erwachsene, und ihre Jahresmiete übersteigt kaum die Kosten eines Autoreifens. Nach Weihnachten und Karneval fahren die großen Jeeps voll mit Kindern zurück nach Venezuela und Kolumbien – an den Grenzen von mit Dollarscheinen freundlich gestimmten Beamten durchgewinkt.

Idyll am Nachmittag: Um fünf läuft Maria den Berg herunter zu einer großen Hazienda, legt sich eine Schürze um, bindet den Kühen die Hinterbeine zusammen und melkt zusammen mit zwei Freundinnen das müde Vieh. Bei zwei Stunden Arbeit am Tag bleibt viel Zeit für ihren vier Wochen alten Neffen, den sie liebt, als sei es ihr eigenes Kind. „Ich will nie wieder zurück nach Kolumbien“, sagt Maria. Und seit Oktober geht sie auch wieder in die Schule.

(Die Namen der Kinder und Eltern wurden zum Schutz der Betroffenen geändert.)

Sozialreportage – Eine Welt im Dezember 2001

RÜCKZUG VOR DER „REBELLION IM WARTEZIMMER“

Dr. Reinhard und Ulrike Puder wechselten von der Pirmasenser Augenpraxis in den Entwicklungsdienst nach Ecuador.

Im März 1993 rutscht der Berghang von „La Josefina“ in das Tal des oberen Rio Paute in den südlichen Anden Ecuadors. Die Erdmassen stauen den Fluß zu einer der größten Überschwemmungskatastrophen in der Geschichte des Landes.

Es ist der tragische Startschuss für die Priester und Laien um den progressiven Erzbischof Luis Alberto Luna Tobar. Schon ein Jahr lang arbeiten sie an dem Aufbau eines selbstverwalteten, solidarischen Gesundheitsdienstes in der Provinz Azuay für die Menschen, die noch nie in einer Sprechstunde gesprochen haben. Ein Jahr lang knüpfen sie in ihren Basisgemeinden an einem Netz zur Versorgung der verarmten Landbevölkerung und bauen ein medizinischen Zentrum in der Provinzhauptstadt Cuenca auf. Als der Berg rutscht, sind auch sie nicht mehr zu halten und kämpfen um jedes Menschenleben der von den Fluten bedrohten Bauern am Rio Paute.

Zur gleichen Zeit im pfälzischen Pirmasens beendet ein 52-Jähriger Augenarzt seine Laufbahn als „Alleinunterhalter zwischen den Sprechzimmern“. Praxis und Haus werden verkauft, und kurz darauf bricht der vom deutschen Behandlungsalltag Enttäuschte gemeinsam mit seiner Frau nach Südamerika auf. Er möchte seine Schwester, eine international arbeitende

Sprachlehrerin, nach 18 Jahren wiedersehen und Tuchfühlung mit einem neuen Lebensziel aufnehmen: der Entwicklungshilfe. Dr. Reinhard Puder und Ulrike Puder reisen in das zweieinhalbtausend Meter hoch gelegene Cuenca nach Ecuador. Und so ein Augenarzt mit Aufbruchslust und Einsatzbereitschaft hat den Befreiungstheologen und ihrem Gesundheitsprojekt DONUM in Azuay gerade noch gefehlt...

Als Reinhard und Ulrike Puder viereinhalb Wochen später wieder im Flieger Richtung Pirmasens sitzen, haben sie einen örtlichen Vertrag mit dem Präsidenten der unabhängigen Stiftung DONUM, Erzbischof Luna Tobar, eine neue Lebensperspektive und jede Menge Arbeit im Gepäck.

Zwei Jahre später steht das „Puderteam" am ambulanten Operationstisch einer ehemaligen Garage in Cuenca. Gemeinsam mit der Assistenzärztin Rosa Granda entfernen sie einer 60jährigen Frau das „Flügelfell" auf der Hornhaut des rechten Auges. Sie verpflanzen Bindehaut auf die freigelegte Stelle, vernähen die Schnitte und decken der geduldigen Patientin nach einer dreiviertel Stunde das operierte Auge wieder zu. Nach einer Nachbesprechung der Operation überreicht Ulrike Puder der Frau die Rechnung für die erfolgreiche Behandlung:

„Pterigion" - OP (umgerechnet in Euro):

Spritze	0,05	Euro
2 Paar sterile Handschuhe	0,60	Euro
Mull	0,03	Euro
Ringerlösung	0,02	Euro
Augenabdeckung	0,05	Euro
Seidenfaden	0,50	Euro
Behandlung	1,25	Euro
SUMME:	**2,50**	**Euro**

Eine gesetzliche Krankenkasse in Deutschland muss für diese Behandlung etwa 175 Euro aufbringen, ein ecuadorianischer Privatarzt verlangt über 35, die Patientin in Cuenca hingegen wird in ihrer Familie sammeln müssen, um ihre Rechnung begleichen zu können. Sie gehört nicht zu den 17 Prozent sozialversicherten Einwohnern in Azuay – sie gehört zur Zielgruppe von DONUM. Die Ärmsten der Region strecken ein Einkommen von umgerechnet nur 3,50 Euro über den Monat. Auch wenn die Flutkatastrophe von 1993 noch nachwirkt – diese Armut hat eine längere Geschichte und sie hat System in der noch jungen Demokratie Ecuadors, das die Privatisierung und den Abbau des ohnehin schon mangelhaften Sozialsystems vorantreibt.

„Nie in meinem beruflichen Leben in Deutschland habe ich so viele Fälle von Flügelfell gesehen wie hier", steht Reinhard Puder vor einem medizinischen Phänomen, das für die Betroffenen eine Erblindung bedeuten kann, wenn nicht operiert wird. Mit 15 Prozent der behandelten Patienten auf dem Land ist die Verbreitung dort „irre hoch", und der Augenheilkundler vermutet, es liegt an der hohen ultravioletten Strahlung der Äquatorsonne und an dem starkem Wind und dem Staub auf den Feldern der Anden. Viele Campesinos kochen noch auf dem Holzfeuer, doch ihre Häuser haben keinen Kamin. Die Rauchschwaden greifen somit die Bindehaut an, bevor der Qualm allmählich durch die Lehmziegel ausdünstet.

Der „graue Star", diese fatale Trübung der Augenlinse, quält jeden zehnten Patienten der Puders. Und wieder sind die Ärmsten besonders betroffen. Vermutlich die mangelhafte Ernährung gepaart mit häufigen Durchfallerkrankungen stören den Stoffwechsel der Augen bis hin zur Trübung der Linse. Zwanzig Lebensjahre früher als in Pirmasens befällt der graue Star die Menschen der Andenprovinz.

Belegt ist, dass Diabetes die Netzhaut angreift, in Azuay wiederum nicht selten bis zur Erblindung. Arbeitsunfälle, Verletzungen, Parasitenbefall und Röteln bei Müttern bedingen weitere Augenkrankheiten, selbst ein Leprakranker ist unter Dr. Puders Patienten. Fast 2000 Behandlungen hat sein Augenteam seit dem Frühjahr 1994 in Cuenca und im mobilen Landeinsatz durchgeführt, fast 500 in Deutschland ausrangierte Brillen konnte Ulrike Puder bisher vermessen, umbauen und zum symbolischen Preis abgeben.

Symbolisch ist auch das Gehalt, das die Pirmasenser selbst beziehen. Eigenwillig gehen sie ihren Weg in Lateinamerika, das Team von DONUM ist ihnen fast Familie geworden.

Erzbischof Luna Tobar als Vater des Entwicklungsprojektes wurde im gleichen Jahr für den internationalen Indira-Gandhi-Preis nominiert. Er würde die beiden Pfälzer am liebsten nie wieder gehen lassen: „Welch ein Geist, welch eine Freude, welch ein Herz! – Sie sind ein außergewöhnliches Paar."

Interview mit Dr. Reinhard Puder in Cuenca am 4. Juli 1995

Warum gibt ein 52jähriger Augenarzt eine gut laufende Praxis in Pirmasens auf?

Dr. Puder: In einer Augenpraxis sitzt du alle sieben bis zehn Minuten einem neuen Patienten gegenüber. Dein Wartezimmer setzt dich ständig unter Zeitdruck. Doch gerade Augenpatienten kommen oft mit sehr komplexen oder auch psychologischen Problemen zu dir. Das Durchschieben von täglich sechzig Patienten, jeder Gesprächsabbruch tat mir weh.

Doch was zog Sie in den Entwicklungsdienst?

Dr. Puder: Entwicklungshelfer wurde ich aus einer ganz tiefen und persönlichen Zuneigung zu jeder Art von Mensch, egal welcher Klasse, welcher Rasse, welcher sonstigen Zugehörigkeit. Ich wollte Benachteiligten in der Dritten Welt meine Erfahrung und meine Hilfe anbieten.

Wie lernten Sie DONUM in Cuenca kennen?

Dr. Puder: Ursprünglich wollten wir nach Asien. Doch bei einer Reise nach Cuenca entdeckten wir dieses sympathische Team von DONUM. Ein Augenarzt wurde dringend gebraucht, und die Philosophie von DONUM lag genau auf unserer Linie: Arbeiten mit den Leuten, die mit ihren niedrigsten Einkommen vom ecuadorianischen Gesundheitswesen ausgegrenzt sind. Das sind vor allem Mütter und Kinder.

Sie selbst gehörten nie einer Kirche an und arbeiten nun unter der Schirmherrschaft des Erzbischofs. Welche Erfahrungen machen Sie?

Dr. Puder: Ich habe meine Einstellung gegenüber der Kirche sehr relativiert. Denn ich habe hier erfahren und mithelfen können, wie sich die Kirche nicht nur um das Seelenheil der Menschen kümmert, sondern ganz praktische Basishilfe leistet. Die Kirche in Lateinamerika muss hier ein weit gespanntes Feld beackern. Sie kümmert sich halt auch um Trinkwasser und um Straßenbau. Die Priester sind rund um die Uhr im Einsatz. Das hat mich überzeugt. Ich habe hier einen gewissen Frieden mit der Kirche geschlossen.

Das deutsche Gesundheitssystem und manchmal auch die Patienten haben Sie enttäuscht. Was ist in Cuenca anders als in der Pfalz?

Dr. Puder: Vor allem die ausgesprochene Dankbarkeit der Patienten. Ich muß mich dem oftmals erwehren, denn es geht bis zum Handkuss, bis zum Niederknien. Im Gegensatz dazu war die Ungeduld der Patienten in meiner deutschen Praxis ein ganz großes Problem. Teils schon nach zehn Minuten Verzögerung kam es zu Rebellionen im Wartezimmer.

Wie erleben Sie das Gesundheitssystem in Ecuador?
Dr. Puder: Dieses staatliche Gesundheitssystem, wie ich es kennengelernt habe, ist völlig desolat. Etwa im Regionalkrankenhaus von Cuenca fehlt es an allem Notwendigen, was zu einer vernünftigen und vor allem zu einer lebenserhaltenden Therapie gebraucht wird.

Welche Rolle spielt Ihre Frau und augenärztliche Assistentin bei diesem Einsatz in Cuenca?
Dr. Puder: Ohne meine Frau könnte ich dieses Projekt überhaupt nicht betreiben.

Ist Dr. Reinhard Puder heute ein anderer als zu Projektbeginn im Frühjahr 1994?
Dr. Puder: Wir haben unsere Lebensweise hier vertieft. Und ich sehe die Dinge sicherlich nicht mehr durch die europäische Brille. Meine Arbeit ist ein Geben und ein Nehmen. Augenheilkunde ist für mich heute keine Einbahnstraße mehr.

Ich danke Ihnen für das Gespräch.

Portrait und Interview – Rheinpfalz 12.8.1995

STIERKÄMPFER, JOURNALIST UND MENSCHENRECHTLER

Luis Alberto Luna Tobar, ein unkonventioneller Erzbischof aus Ecuador

An einer Gefängnismauer hoch oben in den südamerikanischen Anden sitzt ein weißhaariger Alter auf dem Betonboden und amüsiert sich mit den Kokaindealern, einigen Straßenräubern und Gewaltverbrechern. Nur das in der Äquatorsonne Ecuadors glitzernde Kreuz auf seinem schwarzen Pullover unterscheidet den Erzbischof Luis Alberto Luna Tobar von den Häftlingen der Männerstrafanstalt in Cuenca, dem sogenannten „Zentrum für Rehabilitation". Der Name des Knasts ist dreister Etikettenschwindel. Von den meist wegen *narcotráfico* – Drogenhandel – einsitzenden Männern hegt niemand ernsthafte Hoffnung auf eine „Wiedereingliederung in die Gesellschaft". Wer einmal wegen des Besitzes von drei Gramm Kokain durch ein Schnellverfahren für mindestens acht Jahre in die ecuadorianischen Verwahranstalten geworfen wird, glaubt dieser Gesellschaft nicht mehr – und die Gesellschaft denkt nicht mehr an die Verurteilten.

Nur dieser Alte kommt jede Woche zu Besuch und fühlt sich pudelwohl bei „seinen" Häftlingen. Hier auf dem Gefängnishof ohne Kleider- und Sitzordnung lebt der Würdenträger auf. Ganz besonders nach so einer anstrengenden Woche mit den unvermeidbaren Feiern und Ehrungen zu seinem 50. Priesterjubiläum.

Der Erzbischof ist schwer zu fassen: zum einen zeitlich, weil er tagsüber fast ständig zwischen Gefängnissen, Krankenhäusern und Irrenanstalt verkehrt und abends Leitartikel für zwei Tageszeitungen des Landes schreibt.

„Die Presse ist eines der besten Systeme, um meinen pastoralen Auftrag zu erfüllen.“ Aber auch menschlich ist er kaum festzulegen, weil er selten tut, was man standesgemäß von ihm erwarten würde.

Das war schon immer so, wie ein Blick in seine Lebensgeschichte zeigt: „Meine Mutter war glücklich, wenn sie wußte, daß ich mit den Stieren kämpfte. Stierkampf ist Liebe und Kunst, aber kein Sport.“ Doch diese Liebe hält nur wenige Jahre. Schon der Jugendliche Luis Alberto enttäuscht die Erwartungen seiner Eltern: Er bricht die Torrero-Ausbildung ab und folgt auch nicht seinem Vater, dem ultrarechten Anwalt und Journalisten Jacinto Luna Tobar aus Quito. Als er 1937 bei einem Pfadfinderausflug im ecuadorianischen Regenwald drei Missionaren der Karmeliter begegnet, fühlt er sich plötzlich zu anderem berufen. Er verläßt die Arena und geht nach Spanien ins Priesterseminar von Burgos, von wo er 1946 geweiht zurückkehrt.

Als Dozent an der Katholischen Universität von Quito sieht es lange Zeit so aus, als würde er den konservativen Pfad seines Vaters wiederentdecken. Er unterrichtet bis 1968 Morallehre und Gerichtspsychatrie. 1964 übernimmt er seine erste Gemeinde als Pfarrer, 1977 wird er Weihbischof der Hauptstadt, immer nahe bei den Kranken und Ärmsten, aber weit entfernt von einer politisch-progressiven Seelsorge. „In Quito war er ein unkritischer, gewöhnlich traditioneller Priester mit wenig Charisma“, attestiert ihm ein Journalistenkollege. Luna Tobar selbst setzt noch eins drauf: „Ich war töricht und dumm!“

Die Wende vom Tröster zum Kämpfer vollzieht er 1981 mit seiner Berufung zum Erzbischof von Cuenca in den südlichen Anden. Er entdeckt die ländliche Provinz Azuay „in den Händen der Banken und Wucherer“, ihre Bewohner in bitterer Armut, viele Familien zerrissen durch die Emigration nach New York, der mit 400.000 seiner Landsleute „drittgrößten Stadt Ecuadors“. Nach der Amtseinführung durchquert er anderthalb Jahre lang seine Provinz – zu Fuß, auf dem Maultier und im Auto. Zurück in der Provinzhauptstadt Cuenca, ist er ein anderer geworden: ein Volksbischof Luis Alberto Luna Tobar, ein linker Geistlicher auf der Linie des „Indianerbischofs“ Leonidas Proaño und energischer Menschenrechtler mit Wut im Bauch.

„Fahr’ raus nach Gualaceo, einer der scheinbar besten landwirtschaftlichen Gegenden Azuays, dort triffst du 25jährige Frauen mit sechs oder sieben Kindern, die aussehen, als seien sie 70, zahnlos und physiologisch einfach zum Verzweifeln: Die Menschen sind aus Armut krank.“ Die Gesundheitsoffensive wird zu einem Kernstück seiner pastoralen Arbeit. Er kämpft für seine Gemeinden, denen einer der korruptesten Staaten Lateinamerikas

Erzbischof Luna Tobar mit „seinen Freunden" im Gefängnis von Cuenca

die gesundheitliche Versorgung versagt. Seine konservativen Gegner prangert er von der Kanzel, auf der Straße und in der Presse an. Luna Tobar geht aufs Ganze: „Oft ist die Blasphemie ein Gebet der Wut."

Der Freund der Häftlinge, Aussätzigen und Verrückten wird schon bald von der Regierung und anderen Machtgruppen des Landes attackiert und bedroht. Aber Luna Tobar hat seine Gegenmacht: sie manifestiert sich im geistigen Zentrum der Diözese, der riesigen Kathedrale von Cuenca. Jeden Sonntag drängeln sich über 2.500 Menschen unter den Gewölben bis in die letzten Ecken der Beichtstühle, um ihren „Großvater" zu hören. Beim traditionellen Friedensgruß laufen Dutzende von Kindern auf ihn zu, Mütter reichen ihm ihre Säuglinge zum Kuß. So etwas ist nicht üblich. Dass auch Jugendliche in Massen an den Gottesdiensten teilnehmen, kommt nicht von ungefähr: „Ich habe eine klare Vereinbarung mit ihnen: Keine Messe dauert über 45 Minuten, die Liturgie ist einfach und klar, aber wir sprechen die essentiellen Punkte an." An diesen Sonntagen schöpft der Basiskämpfer die Energie, um durchzuhalten, und nicht wenig stolz zeigt er den Ewiggestrigen die Zähne. „Das ist es, was einige Politiker so stört, daß man nicht mehr ihre Reden hört, sondern das Evangelium, die Reden Jesu." Mit Genugtuung verweist er auf den Verkauf der Bibel: 83.000 Exemplare allein in der kleinen Provinz von Azuay – „ein Rekord der lesenden Christen".

Sein Verhältnis zum Papst ist geprägt von einem taktisch-liebevollen Zweckoptimismus. Der Erzbischof kann aber auch sehr deutlich werden, wenn er zwar „verantwortungsbewusste Beschränkungen der Fruchtbarkeit" fordert, den Paaren die Methode der Familienplanung jedoch nicht verordnen will. „Die Liebe auf bestimmte Tage zu begrenzen, das finde ich unmenschlich, gegen die Natur der Liebe." Nein, er tickt nicht so katholisch, wie man es von einem Bischof erwarten würde.

Der Monseñor in Cuenca ist Unruhestifter unter den Konservativen seiner Spezies und Hoffnungsträger einer ökumenisch orientierten Volkskirche. „Natürlich ist Kirche politisch", sagt Luna Tobar und verweist immer wieder aufs Evangelium. Konkret politisch wird er bei einem seiner Lieblingsthemen, den „Vereinigten Staaten von Nordamerika". Er kritisiert die US-Drogenpolitik und ganz besonders deren Auswirkungen in Lateinamerika: „Die Lage in den Gefängnissen ist furchtbar. Ich bin dafür, dass die Strafen für Drogendelikte abgeschafft werden." Die Schuld für das Geschäft mit den Betäubungsmitteln schiebt er den daran gut verdienenden Nordamerikanern und Europäern zu. In der Wirtschaftspolitik betrauert Luna Tobar den Siegeszug des Neoliberalismus, der „leider mit dem Segen von Teilen der Kirche" stattgefunden habe.

Luna Tobar schont auch seine Kirche nicht: Sie habe die „reiche, grandiose Kultur der Indígenas" lange Zeit missachtet und sich von der Arbeiterbewegung in Ecuador im entscheidenden Moment distanziert. „Ich bin überrascht, wie weit die Kirche ihre Konflikte überdecken kann." Und wenn es um die Zunahme der Sekten geht, dann sieht er diese zwar von der nordamerikanischen Politik begünstigt, räumt jedoch ein: „Wir haben es auch selbst verschuldet – wir, die katholische Kirche. Wir haben die Bibel nicht gut genug gelehrt." Trotz allem ist Luna Tobar weit entfernt von Resignation. International sieht er eine neue Solidarität wachsen. Gerade Lateinamerika und seine indigenen Völker seien an einem „kostbaren Punkt der Geschichte", wo die Gesellschaft ihnen mehr Respekt entgegenbringt. „Lateinamerika ist kein geschlagener Kontinent, er befindet sich mitten im Prozess. Lateinamerika fühlt sich als Kontinent mit Persönlichkeit."

Der 72jährige Geistliche scheint vor nichts und vor niemandem in die Knie zu gehen – weder auf der Kanzel noch in seinen Leitartikeln. Und wie er dasitzt in der Nachmittagssonne, umgeben von den hohen Mauern und den schweren Türen des Gefängnisses, meint er nachdenklich: „Besonders glücklich machte es mich schon immer, nahe bei den geistig gestörten Kindern und bei den Verrückten zu sein. Ich muss wohl einer von ihnen sein, oder?"

Porträt – Eine Welt 1995

MEERSCHWEINCHEN VOM GRILL

Traditionsgericht in den Andenküchen des südamerikanischen Ecuador seit 10.000 Jahren.

Die Hochlandindianer Ecuadors züchten das Meerschweinchen – „cuy“ – als Nahrungsmittel seit fast 5000 Jahren. Gar doppelt so lange ist das verwandte Wildmeerschweinchen in den Anden und in der direkten Menschenumgebung archäologisch nachgewiesen. In Mitteleuropa als Maskottchen und in Versuchslabors bekannt, ist das Hausmeerschweinchen, zoologisch „cavia aperea porcellus“ bezeichnet, bis heute Grundnahrungsmittel in Ecuador für Feste, Feiertage und Familienanlässe. Erst jüngst im Herbst dieses Jahres trafen sich Tausende von Indianern aus allen Landesteilen in der Hauptstadt Quito, um für eine indianische Verfassung Ecuadors zu demonstrieren. Natürlich legten sie große Teile der Innenstadt unter den Duft der gegrillten Meerschweinchen.

Der in der Zucht äußerst eifersüchtige Nager und nachtaktive Pflanzenfresser wächst traditionell in der warmen Küche auf, wo die kurzbeinige und schmackhafteste Art seiner Gattung, das „criollo“ oder „nacional“, bei etwa 750 Gramm Lebendgewicht seiner Bestimmung zugeht. Die Verwendung gewichtigerer Meerschweinchenarten konnte die Andenköche in der Vergangenheit nicht befriedigen – als zu geschmacksarm entpuppten sich die etwas fleischreicheren Spießbraten.

Die andine Rezeptur dieser Delikatesse macht Appetit: Enthaart und ausgeweidet werden die gedrungenen Körper nun von außen eingerieben und gleichsam von innen gefüllt mit einer Gewürzzubereitung aus Knoblauch, Kümmel und viel Salz, die mindestens 12 Stunden einziehen möge. Danach

Cuy vom Grill im Straßenrestaurant

dreht das Cuy etwa eine Stunde lang am Spieß über der Holzkohle, dabei ständig bestrichen von Schweineschmalz mit „achiote", damit die Haut schön kross werde. Die in Südamerika wachsende Achote, eine rotfärbende und relativ geschmacksneutrale Frucht des tropischen Orleanbaums, ist eine der bedeutendsten Zutaten der ecuadorianischen Küche. Das Cuy wird stets mit anfrittierten Salzkartoffeln serviert, gekochter Mais und eine Zwiebelsoße können das Gericht komplettieren.

Ergiebig wird das Cuy an Schulter und Schinken: Eine Meerschweinchenkeule bringt es auf 30 Gramm kräftigen und mageren Fleisches. Vielen Gourmets gilt jedoch die knusprige Haut und das Hirn als ein ganz besonderer Leckerbissen. Ohnehin wird der komplette Kopf stets mitgegrillt, denn letztendlich erkennt der Kennerblick des Gastes im Restaurant oder auch am Straßenstand an den Zahnreihen des Tieres, daß der Koch ihn nicht täuscht, indem ihm möglicherweise eine Ratte aufgetischt wird.

Wem bei dieser Rezeptur hingegen unwohl werden sollte, auch den kann Cuy kurieren: Die Indígenas benutzen das Tier seit Jahrtausenden ebenso als Opfergabe, bei Wahrsagungsritualen und bei der Diagnose von Krankheiten, genau genommen „als eine Art biologisches Röntgengerät" vor allem in den Hochlandprovinzen Azuay, Chimborazo und Cotopaxi. Noch heute wird auf den Straßenmärkten des südecuadorianischen Cuenca mit männlichen, schwarzen Meerschweinchen über die erkrankten Körper der Patienten gestrichen, um am Medium Cuy die infizierten Organe zu orten.

Cuy ist eine Delikatesse mit immer mehr Gourmet-Freunden weltweit: Professor Juan Martínez von der Universität Cuenca ermittelte, daß gerade Schweizer und Deutsche trotz anfänglicher Ekel- und Kannibalismusgefühle beim Verzehr des Nationalgerichts von Ecuador im Nachhinein zu etwa 80 Prozent den köstlichen Geschmack von Cuy herausstellen. Guten Appetit!

Feature, GEO special im Oktober 1997

DIE LETZTEN EISMINEN AMERIKAS

Arbeitsalltag und Geschichte der Hieleros vom Chimborazo

Die Esel stehen stumm in den Schneewehen. Baltazar stöhnt. Heller Atem pfeift ihm aus dem offenen Mund. Seine weiß aufgerauhten Hände rammen das Stemmeisen in den gefrorenen Berg, immer wieder. Wann bricht es endlich? Ihm wird heiß. Er legt den Poncho ab, greift wieder nach dem Eisen, schaut auf die blanke Spitze, auf das Eis, die Asche, ins weiße Nichts des Wetters, geht einen Schritt nach vorn und holt erneut aus, stöhnt lauter, die Augen zu schmalen Schlitzen gepreßt, rhythmisch, prustend, immer tiefer stößt er in den Frost. Dann fällt der Klotz fast still aus der Mine. Der Alte lacht, nur ganz kurz. Fast eine Tonne altes Eis, und nichts ist ewig.

In Zeiten von Schneemaschinen und Eiskonfekt klingt es märchenhaft, wenn Menschen in schwindelerregende Höhen von fast 5000 Metern laufen, den gefrorenen Boden aufbrechen, mit der Hacke keuchend auf einen 1,8 Millionen Jahre alten Gletscher einschlagen, um den Marktfrauen in der Stadt die kalten Blöcke mit der eingefrorenen Vulkanasche zu verkaufen. Doch es gibt noch mindestens drei Menschen auf der Erde, die diesem Beruf des „hieleros" – des Eisschlägers – bis heute nachgehen. Und sie haben noch acht Kunden.

Der Fortschritt will es, daß die Gebrüder Ushka im Andenhochland Ecuadors die wohl letzten Hieleros auf unserem Planenten sind. Ihr Beruf endet nicht an der Erwärmung der Erdatmosphäre, sondern bereits früher – an den Eisschränken unserer Zivilisation, an dem Wunsch, immer und überall Kaltes zu bekommen.

„Wenn ich sterbe, weiß ich nicht, ob meine Söhne dann vielleicht... oder ob mein Beruf dann einfach aufhört zu sein, ich weiß es nicht." Baltazar sagt, ihm sei nie kalt, wenn er in seiner Eismine arbeitet. Und bevor er mit der Spitzhacke tiefe Keile aus der Eiswand schlägt, steckt er sich von dem mitgebrachten Gras in die Gummistiefel, weil er keine Strümpfe hat. So macht er es seit 40 Jahren, seitdem sein Vater ihn zum ersten Mal mit in die Minen nahm.

Die größte Erfindung der Welt

„Viele Jahre später sollte der Oberst Aureliano Buendía sich vor dem Erschießungskommando an jenen fernen Nachmittag erinnern, an dem sein Vater ihn mitnahm, um das Eis kennenzulernen." Dies ist der Beginn von „Hundert Jahre Einsamkeit" bei Gabriel García Márquez, dort, „wo ein Riese mit zottigem Oberkörper und glattgeschorenem Schädel, einem kupfernen Ring durch die Nase und schweren eisernen Ketten an den Fesseln eine Seeräubertruhe bewachte."

Der hünenhafte Zigeuner hatte in jenes Romandorf Macondo „hielo", das Eis, gebracht, „die größte Erfindung der Welt", und es „entströmte der Truhe eisiger Hauch. Drinnen lag nur ein mächtiger durchsichtiger Block, durchzogen von ungezählten Adern, in denen sich das Dämmerlicht in bunten Sternen brach." Als Buendía das Eis gegen eine Bezahlung von fünf Reales berühren darf, schwillt ihm das Herz „vor Angst und Jubel".

Ich bin deine Vergangenheit

Morgens um fünf treffen sich die Hieleros vom Chimborazo in Cuatro Esquinas, einer historischen Straßenkreuzung Lateinamerikas. Nicht weit quert der Camino Real, quert der „Königliche Weg" des kolonialzeitlichen Neu-Granada die alte gepflasterte und noch bis 1965 befahrene Panamericana. Gleichzeitig wird er tangiert von der Eisenbahnstrecke zwischen der Hauptstadt Quito und Guayaquil am Pazifik, vor 90 Jahren noch Sinnbild für Revolution und Aufschwung der Republik Ecuador.

Wie jeden Dienstag und jeden Freitag treiben die Hieleros kleine Gruppen von Eseln vor sich her, deren Rücken verschnürt sind mit Sack und Seil. Eine Sichel ist ihre einzige Traglast am kühlen Morgen auf 3400 Meter. Die Männer sprechen nicht. Die Tiere trotten behäbig über die Gleise, durch den dunklen Staub und den Gletschern entgegen. Andere Campesinos scheuchen Schafe, Schweine und Kühe den Berg hinauf. Ihre Tiere ziehen die losen Riemen hinter sich her. Kleine Gruppen von Männern in roten Ponchos stehen zusammen. Ihre Frauen tragen blau und grün.

Cuatro Esquinas, das sind ein paar Wohnhäuser, ein kleiner Basketballplatz und der alte Laden mit dem eingestürzten Dachstuhl. An dessen Wänden werben in großen Lettern Provinzrat P. Cepa von der rechten Liste 6 und E.Toaza von der marxistischen MPD um Wählerstimmen. Cuatro Esquinas ist dort, wo morgens um sechs der klapprige Bus der Cooperativa El Cóndor zur Rückfahrt nach Riobamba wendet – auf dem grünen Blech verewigte der Fahrer den Satz: „Ich bin Deine Vergangenheit – Deine Strafe ist es, mich zu sehen." Cuatro Esquinas, „Vier Ecken", ist ein Verkehrsknotenpunkt der indianischen Anden. Er liegt nicht weit vom Äquator Südamerikas und jeden Tag unter dem Geklapper von Hufen und dem Wischen von über das Pflaster schleifenden Lederriemen.

Meer ohne Eis

Die erste Erwähnung von Eisschlägern in Ecuador findet sich am 13. Juni 1742. Charles-Marie de la Condamine von der Pariser Wissenschaftsakademie begegnete ihnen in der Morgendämmerung. Ihn überraschte diese „große Zahl von Indianern aus Quito, die jeden Morgen auf den Pitchincha steigen, um Eis in die Stadt zu bringen." Zusammen mit La Condamine reisten die Spanier Antonio de Ulloa und José Juan in die Anden. Sie notierten über den Pichincha und die Hieleros: „In seinen obersten Höhen bewahrt er das Eis auf ... und von dort tragen sie es reichlich in die Stadt zur Herstellung der vielen kalten Getränke, die sie zu bereiten pflegen." Die „große Zahl" und das „reichliche" Eis deuten bereits auf eine im Quito des 18. Jahrhunderts etablierte Arbeit hin. Obwohl keine älteren Dokumente über die Hieleros in Südamerika bekannt sind, dürfte ihr Beruf in den Städten der innerandinen Täler wie Quito, Ibarra, Cajabamba und Cayambe Ende des 16. Jahrhunderts seinen Ursprung nehmen.

Das wiederum wird die reiche spanische Handelsbourgeoisie in der Hafenstadt Guayaquil über Jahrhunderte mit quälendem Neid erfüllt haben, denn sie hatten kein Eis. Guayaquil stieg zwar im 18. Jahrhundert zu einem der reichsten Häfen Amerikas auf, doch die Natur am Rio Guayas war und ist bis heute gnadenlos: „Ein äußerst heißes und stickiges Klima, ständige vehemente Regenfälle über sieben Monate im Jahr und eine enorme Plage durch alle möglichen Insekten machen klar, warum Guayaquil wohl eine der unangenehmsten Städte der Welt ist", schrieb der Chronist Manuel Almagro 1864 nieder. Im „stinkenden Morast" der Mangroven infizierten sich die Menschen mit immer wieder tödlichen Krankheiten.

Grausam waren auch so viele Sommer in Guayaquil: sich atemberaubend ausbreitende Brände legten die aus Holz gebaute Stadt alle paar Jahrzehnte in Schutt und Asche. Und wenn es nicht brannte, stanken Fisch und Früchte bei 38 Grad im Schatten an der Hafenmole, während an klaren Tagen der Chimborazo seine gewaltigen Eisflanken am Horizont weidet und kaltes Gletscherwasser in die Flüsse entläßt – über den Schornsteinen der seinerzeit noch verkehrenden Dampfschiffe ein Panorama wie ein Eis am Stiel. Genau dieser Anblick vom Pazifik aus, diese bildliche Verschmelzung von Hochland und Küste aus dem lebenspendenden Gletscher des Chimborazo ziert bis heute das Wappen und die Staatsflagge der Republik Ecuador.

Vor genau 200 Jahren sollte dann Schluß sein mit der Pein der unerreichbaren Eisflanken, die durch die Schweißtropfen auf den Pupillen zu einer Fatamorgana verschwimmen. Um sich aus der völligen Winter-Isolation vom Hochland zu befreien, um Handel und Kommunikation mit der Verwaltungsstadt Quito zu ermöglichen, erhielt der gewiefte Oberleutnant Pedro Tovar 1799 den Auftrag, eine bisher fehlende Verbindungsstraße von Riobamba in die Küstenstadt Babahoyo zu bauen, den Camino Real. Tovar wußte, daß dem Bürgermeister von Guayaquil bei diesem Vorschlag auch das Wasser im Munde zusammenlaufen mußte.

Listig bot er dem Stadtvater einen kostenlosen Post-Schnelldienst bis Babahoyo zur weiteren Verschiffung an. Tovar bestand aber unnachgiebig auf der Überschreibung des „Monopols über 10 Jahre zum Verkauf von Schnee und Eis in Babahoyo und Santiago de Guayaquil“, schrieb der nordamerikanische Historiker Michael Hamerly. Jede Chulla Eis – jede halbe Eselsfracht – zum Preis von zwei Reales, im Winter zum Schlechtwettertarif für drei. Der Bürgermeister schlug zu. Und nach den Handelsfreiheiten durch die Spanische Krone und dem folgenden Kakaoboom am Guayas brachen die Hieleros vom Chimborazo nun auch das Eis für die Costeños aus dem Gletscher, für die „rocks“ im schottischen Whiskey und die Kühle im chilenischen Weißwein einer im Geld schwitzenden Kaufmannschaft Guayaquils.

Das Zwischenspiel der Hieleros mit den langen mehrtägigen Eiskarawanen nach Babahoyo dauerte jedoch kaum mehr als 100 Jahre. Um 1900 ebnet das erste Kraftwerk Guayaquils den Weg zur ersten Eisfabrik, zur Schokoladenfabrik und einer deutschen Brauerei. Und die Straßenbahn knüpfte bald darauf an die neue Eisenbahnlinie Guayaquil-Quito an. In den Anden wurde flächendeckend erst viel später elektrifiziert: noch in den 70er Jahren gab es abends vollends im Dunkeln liegende Dörfer. Danach starben die Hieleros unter den meisten Bergen Ecuadors allmählich aus.

Gras für den Gletscher

Auf dem Weg zu den Minen machen die Hieleros einen obligatorischen Halt: nach einer Wegstunde von Cuatro Esquinas gelangen sie auf eine Hochebene in 3900 Metern. Zwischen kleinen Bohnen- und Kartoffelfeldern stehen noch ein paar Hektar Paja, das feste Büschelgras der andinen Páramozonen. Baltazar und Gregorio lassen ihre Tiere ausruhen und knien sich mit der Sichel ins Gras. Ihr jüngerer Bruder Juan ist heute nicht dabei. Er hat einen Tagesjob auf einer Hazienda gefunden und will morgen dann mit sechs Eseln hoch ins Eis.

Die beiden älteren Brüder trennen das geschnittene Gras in frisches und trockenes und streuen die Büschel aus. Baltazar reckt die Arme dazu hoch, als wolle er den Himmel abwedeln. Dann schlägt er die Büschel zum Zerfleddern rhythmisch auf Hose und Jacke – ein Geräusch wie das Schlagen der Gardine am offenen Fenster eines Zugabteils. Aus den kräftigen Halmen drehen die Männer Seile – Zöpfe, deren Enden sie zu Schlingen formen. Schließlich beladen sie einen Esel mit den Verpackungsmaterialien vom Fuße des Vulkans. Das Lasttier schnaubt unter den sich verengenden Bauchgurten. Die nächsten 1000 Höhenmeter auf knapp 5000 Meter an den Minen legen sie in beeindruckenden zwei Stunden zurück.

„Burro, carajo!“ Die letzten Eisschläger vom Chimborazo, dem mit 6310 Metern höchsten Gipfel Ecuadors, sind stille Handwerker, Schwerstarbeiter und Verpackungskünstler. Und der Wind kämmt das Gras. Wenn sie ihr Schweigen am Berg gelegentlich brechen, dann nur, um die Tiere anzutreiben: „Burro, carajo! Burro, corre!“ – Esel, verdammt! Esel, lauf! Die Luft wird immer dünner und kälter. Die Tiere furzen unentwegt, die stete Abnahme des Luftdruck hörbar machend, als hätten sie die Arbeit eines biologischen Barometers angenommen.

Der Treck zieht vorbei an einer der wenigen Alpaca-Herden in dieser Gegend. Sie passieren abgebrannte Grasflächen, treten dann durch die letzten Flechten und Moose der andinen Vegetation und kehren an der Sandfläche ein in den steilen und steinigen Aufstieg zu den Minen. „Burro, carajo!“ Die Hufe suchen nach Halt. Die Esel bleiben jetzt immer öfter stehen, in stiller Erschöpfung und dann wieder Sauerstoff saugend und schnaubend. Rotes, gelbes und schwarzes Geröll liegt im Weg, ist der Weg. Baltazar räumt die großen Brocken für seine Tiere vom Pfad. „Corre, burro, corre!“

Begegnungen der Welten

Alexander von Humboldts „Reise in die Äquinoktialgegenden des Neuen Kontinents“ schließlich zeigt den Weg, den der Beruf der Eis- und Schneearbeiter des heutigen Ecuadors genommen hat. Der deutsche Forscher schreibt das Jahr 1799: Früh morgens um kurz nach drei gelangt Humboldt nach Alta Vista, einem kleinen Hochplateau am Pico de Teide auf Teneriffa. Staunend entdeckt Humboldt an Spaniens höchstem Berg, was er drei Jahre später auch bei den Puruháes-Indianern an Ecuadors Chimborazo erlebt: „Es ist auch eine Station der ‚Neveros‘, jener Indianer, deren Beruf es ist, Eis und Schnee in den umliegenden Städten zu verkaufen.“ Etwas neidisch sah Humboldt, daß „ihre Maulesel es besser gewöhnt waren, in den Bergen zu steigen als jene, die sie den Reisenden vermieten.“ Doch von der „Eismine auf 1728 toesas Höhe“ hierher nach Alta Vista mußten auch die Neveros den Schnee auf ihren Schultern bringen. So waren es die Spanier, die die Eisidee nach Südamerika brachten.

Für die Hieleros in Ecuador waren die Begegnungen mit den Weißen aus Europa sehr unterschiedlich. Da trafen sie auf einen neugierigen, offenen und respektvollen jungen Naturforscher namens von Humboldt. Aber sie begegneten auch ignoranten und rassistischen Geschöpfen wie 1903 dem Deutschen Hans Meyer. Der notierte sich: „Die Herren Ecuadorianer wissen und verstehen überhaupt nichts von der prächtigen Welt der sie umgebenden Berge.“ Die Indianer beschimpft Mayer als „ungläubig, unterwürfig und unentschlossen... Ihre Dummheit ist so groß wie ihre Dreckigkeit.“ Sie hätten sich zwar für seine Eisaxt interessiert, aber nichts von den Gletschern gewußt, allenfalls von „versteinertem Eis“ gesprochen, „um sich wichtig zu tun“.

Marco Cruz aus Riobamba, heute Ecuadors erfahrenster Bergführer und der Pionier des hiesigen Andentourismus, war seinerzeit sehr glücklich über die Männer mit der Spitzhacke im versteinerten Eis. 1955 als kleiner Junge begleitete er eine Gruppe italienischer Geistlicher am Chimborazo. Als er zu seiner Überraschung einen riesigen Kondor entdeckte, setzte er sich von den Italienern ab, und später fand er den Weg nicht mehr zurück. Kurz unterhalb der Schneegrenze traf der kleine Marco auf eine Gruppe von Arbeitern und ihre Esel. Die Hieleros geleiteten den Jungen sicher ins Tal. Später als Bergführer engagierte er die Männer aus den Eisminen immer wieder für Expeditionen. Manchmal führt er auch Gruppen zu den Minen. Fotografieren ist dann erlaubt – zum exklusiven Gletschertarif...

In Eis und Asche

Oben an der Mine gibt es keine Pause, denn es ist kalt. Die Werkzeuge warten leblos unter alten Strohresten. Baltazar legt den Poncho ab und streift sich eine schwarze Gummihose über, um nicht von den Eissplittern durchnäßt zu werden. Die mannshohe Mine liegt vor ihm. Rotbrauner Staub klebt an der angetauten Eiswand. Eine zwanzig Zentimeter dicke Schicht aus Schlacke und Asche bedeckt den Gletscher von oben wie die Kruste ihr Brot.

Wie angefroren stehen die Esel auf dem Weg, reglos, einfach so. Beim Kerben des Eisblocks steht der 52-jährige nach kurzer Zeit wadentief in den Eisscherben, in den Kristallen, die nach fast zwei Millionen Jahren im Schutz der Lavaasche nun erstmals das Sonnenlicht brechen. Ist der Block mit der Spitzhacke geformt, rammt Baltazar das Stemmeisen in die Wand, um das Tonnengewicht herauszubrechen. Der Mann kämpft mit sich und dem Eis bis zu dem Lächeln, dem kurzen Moment der Zufriedenheit, wenn der große Block sich in die Eisscherben senkt.

Das Trennen des großen Blocks in quaderartige Chullas von jeweils etwa 80 Pfund ist eine filigrane Arbeit mit der Axt. Baltazar studiert den Block, geht einmal herum, untersucht die Struktur des gepreßten Eises. Dann setzt er die Axt vorsichtig an wie der Arzt den Reflexhammer unter der Kniescheibe des Patienten. Immer wieder schlägt er sanft auf die gleiche Stelle, um den geraden Bruch des Blocks zu bewirken, die Sollbruchstelle im Eis der Urzeit. Er hört genau zu, wie der Block unter den kleinen Hieben reagiert, als balanciere er über einen dünn zugefrorenen Teich. Wo reißt das Eis? Und es reißt fast immer so, daß er lächelt.

Ferne kalte Welt

Das Schlagen und Lagern des kostbaren Eises war im 15. Jahrhundert bereits in einigen Ländern Europas bekannt. Die Spanier übernahmen das Eisschlagen in den Gletschern von den Arabern, die sie 1492 aus dem Süden der Iberischen Halbinsel verdrängten. Vermutlich schon im 8. Jahrhundert schlugen die Araber das Eis in den Gletschern der andalusischen Sierra Nevada. Sie ernteten die Blöcke zuvor im Kaukasus und im nordiranischen Elbursgebirge. Doch die Araber haben ihrerseits diesen Brauch aus Zentralasien übernommen: schon vor ihnen zogen Menschen aus den Bergdörfern des himalajischen Gebirgszuges von Karakorum in die Gletscher und brachten Eis in die heißen Gegenden Afghanistans, Indiens und Pakistans. Bereits um 1100 v. Chr. sollen die Chinesen erste Eisbunker zum Lagern der in Tibet geschlagenen Einblöcke angelegt haben. Das Eisschlagen breitete sich so vom

Himalaja ausgehend nach Europa und später Lateinamerika aus, solange noch niemand künstlich Eis zu fabrizieren wußte.

Vor noch gar nicht allzu langer Zeit ließen sich auch noch einige saudiarabische Ölscheichs Natureis bringen, allerdings nicht aus dem benachbarten Iran, sondern aus der Arktis ließen sie Spezialschiffe über Atlantik und Mittelmeer rollen, bis gerade noch der zehnte Teil des Gefrorenen in der Wüste ankam. Es reichte immerhin, den süßsauren Dattelsaft zu kühlen.

Als die englische Handelsflotte des 18. Jahrhunderts Eis aus Kanada importierte, labte sich die französische Bourgeoisie bereits an den kühlen italienischen Sorbets. Auch „das wahre Getränk Gottes" wurde später durch in der Natur geschlagenes Eis revolutioniert: Gabriel Sedlmayr der Jüngere baute 1844 den ersten Eiskeller zur Biergärung in die Münchner Spaten-Brauerei ein, noch 29 Jahre vor der Einführung des Gefrierschranks bei Spaten. Nicht anders im Schweizer Lyss, wie eine Stadt-Chronik verrät: „Im Winter wurden auf dem Brauereiweiher Eisstangen gesägt und dann in den noch heute vorhandenen Felsenkellern im benachbarten Molassegestein über Monate hinweg aufbewahrt." Ironie der Geschichte: Auf dem besägten Weiher von Lyss steht heute eine Eissporthalle.

Nur eine Wolke

Läge kein Eternit-Wellblech auf den Lehmmauern ihrer Häuser und läge da nicht ein Kabel auf dem Pfosten – man könnte glauben, daß sich die Lebenssituation der Puruháes 500 Jahre lang nicht geändert habe. Die Indígenas von Pulingui und Cuatro Esquinas leben noch heute auf dem Lehmboden. Ausgelegtes Páramogras dient als Matratze für die ganze Familie, und auf der offenen Feuerstelle ohne Abzug kochen Kartoffeln und Bohnen. Auch das Haus von Gregorio ist daher bis zur Undurchdringlichkeit verqualmt und verrußt. Die Errungenschaften der vermeintlichen Entwicklung sind fraglich: die Latrinen sind ständig verstopft, die zwei Glühbirnen der Familie ziehen horrende Stromrechnungen nach sich, die Schulen sind bestreikt oder unbezahlbar, aber den Marktpreis für ihre geernteten Bohnen dürfen sie nicht anrühren. Hier an den Gleisen der alten Revolution hat der neoliberale Zug eine gewaltige Staubwolke hinterlassen. Aber sonst gar nichts.

Kampf der Vulkane

Viele europäische Reisende begegneten den stillen Indianern mit den eisbeladenen Eseln, ohne ihnen viel Aufmerksamkeit zu schenken. Doch die Ahnen der Gebrüder Ushka taten etwas Außergewöhnliches. Nicht nur der

Anstieg von über 1500 Höhenmetern zu den Eisminen aus Zeiten vor Menschen Gedenken macht ihre Arbeit bis heute zu einer Qual. Auch die sklavische Ausbeutung ihrer Arbeitskraft gegen ihre tiefe Glaubensüberzeugung muß seinerzeit eine seelische Tortur gewesen sein. Die Indianer Südamerikas hatten Ehrfurcht vor den Bergen, schworen gar ab, ihre Gipfel zu besteigen. Einige der sonnenanbetenden Inkas waren dabei eher die respektlose Ausnahme.

Den Puruháes am Fuße des Chimborazo war der große Berg ihr Gott und leiblicher Vater. In ihrem Weltbild war die in der Ostkordillere stehende Tungurahua seine Frau. Die beiden pflegten sexuelle Kontakte und zeugten die Kinder der Puruháes. Und wenn die 5020 Meter hohe Mutter Tungurahua wieder einmal ausbrach, glaubten die Puruháes, sie sei erzürnt über ihren Mann Chimborazo: Wieder einmal lustwandelte er mit Cotopaxi oder einer anderen Vulkanin. Dann beschmiß sie in einem lautstarken Ausbruch von Wut den abtrünnigen Chimborazo mit Asche, bis er schwarz und häßlich war. So schrieb es der Franziskanermönch Juan de Paz Maldonado bereits 1581 nieder, als er die Puruháes in San Andrés am Chimborazo zu bekehren suchte.

Einem derartigen Krach zwischen den Begehrten des Andenkönigs Chimborazo wohnte auch der britische Bergsteiger Edward Whimper bei, als er am 3. Juli 1880 als erster Mensch dessen Gipfel erreichte. Diesmal war die Zweitfrau erzürnt: „...die Rauchwolken des Cotopaxi kamen näher, gegen Mittag zogen sie über uns, die Sonne verdunkelte sich, die Temperatur begann zu fallen ... wegen der Kälte nahm der Wind gewaltig zu.“ Die erste Aschewolke des an diesem Tag beginnenden Ausbruchs des Cotopaxi schwebte wie ein schwarzer Amboß über der Chimborazo-Expedition, doch schon „zehn Minuten nach unserer Ankunft begann sie, sich niederzulegen. Innerhalb einer Stunde gab sie dem weißen Gipfel das Aussehen eines gepflügten Ackers. Sie drang in unsere Augen und Nasen, machte es unmöglich, irgend etwas zu essen oder zu trinken. Schließlich mussten wir durch unsere Taschentücher atmen.“

Von unten im Tal sahen die Puruháes den Zorn der Cotopaxi auf ihren Vater, den unverbesserlichen Schwerenöter, niedergehen, als Whimper und seine Begleiter bei ihrem „tumultartigen Abstieg“ noch um die Atemluft kämpften. Sie hatten es geahnt. Die Puruháes, wie fast alle indianischen Völker Amerikas, besteigen die Gipfel daher nicht, mehr noch: den Puruháes gilt es als Schändung eines Heiligtums.

Zu ganz seltenen Gelegenheiten steigen die Bewohner Südamerikas auch bis heute noch in die Gletscher. Vom südkolumbianischen Cumbal steigen

Blick auf den Vulkan Cotopaxi

die Männer regelmäßig zu den hohen Schwefelminen der dortigen Anden. Auf dem Rückweg schlagen sie oft Eis und füllen ihre Schlitten damit auf.

Bei den Indianern weisen lediglich Mumienfunde im Eis des peruanischen Ariquipe auf das Opfern von jungen Frauen in diesen Höhen hin. Und bei Cuzco ziehen Indígenas alljährlich einmal zum Eisholen in den Gletscher, das sie dann aufgetaut auf ihre Felder ausbringen. Dann feiern sie das Fest von Cullur Inti, dem „Stern des Schnees".

Die Puruháes hingegen huldigten ihrem Gott und Vater, ohne sein eisbedecktes Haupt zu betreten. Juan de Paz Maldonado fand heraus, dass sie

Wildtiere geopfert hatten. An den Flanken des Chimborazo hatten die Puruháes dazu Opferstätten errichtet, allerdings allesamt unterhalb der Schneegrenze. Der ecuadorianische Anthropologe Segundo E. Moreno Yánez vermutet gar, dass es den Puruháes wie das Herausschneiden von Stücken der väterlichen Rippe vorgekommen sein mußte, als die Spanier sie zu Zwangsarbeiten in die Eisminen befehligten. Ähnlich war es den Sklaven in Boliviens Silberminen ergangen – die Indígenas litten unvorstellbar unter dem Gefühl, ihren Ahnen nicht das Edelmetall, sondern die Innereien herauszuschlagen.

Nackt im Sturm

„Wir tragen Ponchos, doch die Tiere sind nackt.“ Schon zweimal ist Gregorio Ushka ein Esel erfroren, stehend im Sturm. Während er selbst mit der Spitzhacke in der Mine stand, kippte das Tier tot um. Der König der Anden hatte es zu sich gerufen, dieser große Chimborazo stieß seinen eisigen Atem herunter, hüllte den Esel in ein milchiges Leichentuch aus Nebel und Schnee und bannte dessen Seele in seinem Bauch, im Verlies des erloschenen Vulkans. Gregorio Ushka sah das Tier umstürzen und versuchte, es aufzurütteln. Reglos, kalt, vergebens. Und er wusste, daß er weiter in der Mine hacken musste, um dem Tier nicht ebenso steif zu folgen. Fürwahr, er brachte zwei Chullas weniger nach Pulingui, und ein Esel hat ihm schmerzhaft gefehlt. „Aber ich glaube nicht, dass heute noch einmal ein Esel erfriert. Es war hier vor zwanzig Jahren kälter als heute.“ Die Geologen geben ihm recht.

Baltazar rollt die maßgeschnittenen Eiswürfel über einen Teppich aus Pajagras zur Verladestelle. Hier packt er jeden der 80 Pfund schweren Blöcke in zwei Grasschichten ein und bindet sie mit jeweils drei Zöpfen zu einem Paket. Das Gras isoliert den Block gegen die Wärme, wie bereits seit Stunden seine Füße gegen die Kälte. Sobald er die Esel mit je zwei Chullas beladen hat, treibt Baltazar die Tiere den Berg hinunter. Und wieder schallt das laute „Burro, carajo!“ über die Aschemoräne.

Und nichts ist ewig

Gregorio, Baltazar und Juan Ushka, die drei letzten Hieleros Amerikas, arbeiten heute nicht mehr unter dem Zwang der Spanier, schlagen das Eis nicht mehr gegen ihre Glaubensüberzeugung und auch nicht mehr für die rauschenden Feste auf den Haziendas der Conquistadores. Sie arbeiten heute gar auf feste Bestellung, um bei Wetter, bei dem niemand mehr Eis essen mag und kalte Säfte trinkt, nicht auf dem schmelzenden Tagwerk sitzen zu bleiben. Doch die Tage der Ushkas als Hieleros sind gezählt.

Das versteinerte Eis über den Feldern von Cuatro Esquinas wird die Menschheit überleben. Schon eine kleine Lawine wird dann auch die Spuren der Minenarbeiter verwischen, Asche über die offene Eiswand schütten, die Narben am Hals von Gottvater Chimborazo verdecken.

Der seit nunmehr 10.000 Jahren schweigende Vulkan Chimborazo hatte seine erste Eruptionswelle vor 1,8 Millionen Jahren, so ermittelte in den 80er Jahren eine Tübinger Forschungsexpedition. Seit Jahrhunderten bringen die Hieleros das alte, von pleistozänen Aschelawinen beschützte Eis aus den Minen ins Tal, lagern es bis zum nächsten Morgen hinter dem alten Laden von Cuatro Esquinas und fahren mittwochs und samstags noch zu nächtlicher Stunde mit der kalten Ernte auf den Markt von Riobamba...

„Es ist gesünder, es ist besser, es kühlt meine Limonaden besser. Ach was, das Eis aus der Fabrik ist doch nicht pur. Das hat Ammoniak. Ich nehme nur das vom Gletscher." Teresa de Losada erzählt von ihrem Traditionsrezept stolz wie in der Jägermeister-Reklame. „Das Eis aus der Fabrik schmilzt zu schnell. Das vom Gletscher ist alt, fester, härter. Ich habe bei mir im Hof eine Erdhöhle. Darin bleibt es sechs Tage lang Eis." Baltazar stellt den letzten der drei strohverpackten Eisblöcke unter Teresas Stand.

Jeden Samstag baut die freundliche Alte ihren Limonadenstand an einer Ecke des Marktes San Alfonso auf. Die Indianer aus dem Umland und Bauern von der Küste bringen ihre Früchte und Waren früh nach Riobamba. Kleine Lastwagen stehen stinkend in den kalten Straßen um den Markt. „Den Saft mache ich später, so um acht. Mir ist noch zu kalt." Doña Teresa hüllt sich eng in ihre Decke: „Aber ich komme immer um fünf, denn später gibt es keine Träger mehr." Ihr „Refresco"-Stand steht an dieser Stelle nahezu ein Jahrhundert. Teresa selbst führt ihn seit 1967.

„Die Besitzerin vor mir hatte ihn 56 Jahre lang. Und die da drüben ist auch schon die Tochter der alten Refresquera. Die dahinten auch. Alle schon Töchter. Es gibt noch sechs auf dem Markt. Wir sind die letzten, die das Eis vom Chimborazo kaufen." Hinzu kommen zwei alte Eiskonditoren, die sich von den Fabriken nicht schrecken lassen. Der 80-Pfund-Block Gletschereis kostet 10.000 Sucres, umgerechnet 1,80 Mark und damit genauso viel wie ein Tageslohn auf der Hazienda, wenn es Arbeit gibt. Der Transport geht davon noch ab. Das große Geschäft ist es nicht, aber es rechnet sich noch.

Doña Teresa, die selbst keine Töchter hat, stöhnt über die Korruption, die schlechte Verwaltung des Staates und die Armut, ja, dass keiner mehr Geld hat: „Mein Land war immer reich, und wir waren immer arm, aber jetzt passiert etwas anderes. Ich verkaufe heutzutage die Hälfte weniger. Auch die

Hieleros bringen nur noch eine kleine Camioneta statt dem großen Lastwagen. Wir Armen fallen jetzt unten durch." Teresa schaut zur Seite, als würde sie sich etwas schämen. „Und mit dem neuen Dach über dem Marktplatz haben die Menschen weniger Durst. Es brachte Schatten über uns." Doña Teresa meint es ebenso zweideutig wie bestimmt. So gegen acht ist ihr Refresco fertig: „Nein, die Asche trinkst du nicht mit. Die setzt sich unten ab." Frische Früchte vermengen ihren Saft mit dem Millionen Jahre alten Eis. Mango on the rocks.

Nicht weit von der Sandfläche

Noch vor 20 Jahren zogen dreimal wöchentlich etliche Hierelos auch anderer Familien mit häufig weit über hundert Eseln hoch in die Minen. Die langen Karawanen brachten tonnenweise Eis in die Stadt. Doch mit den Eismaschinen von Riobamba starb die Nachfrage. Auch die Kinder der Ushkas sehen keine Perspektive im Bergwerk der Vulkane. Gregorios Sohn schickte ihm jüngst von der Küste neue Jeans mit dem Emblem eines Bananenkonzerns, seinem neuen Arbeitgeber. Es sind die Zeichen der Zeit. Viele Familien der Hieleros wie die Paguays endeten bettelarm. Auf dem Friedhof von Cuatro Esquinas steht für „Manuela Paguay im August/95" noch nicht einmal ein Holzkreuz – ihren Namen ritzten die Angehörigen mit einem Stock in die alte Lehmwand der Ruhestätte.

Samstags um sieben ist die Arbeitswoche der letzten drei Hieleros vom Chimborazo vorüber. Müde aber gut gelaunt sitzen sie nahe am Markt im „Restaurante Mister Cuy", doch es gibt nicht „Mister Meerschweinchen", das Nationalgericht der Ecuadorianer, sondern eine einfache Caldo de Pata, Rinderhufsuppe mit satten Fettaugen. Hungrig schlürfen die drei die Hufe aus. Dann blickt Juan von der Suppe hoch: „Weißt du, was unser Vater sagte?! Der Chimborazo hat eine Tür, durch die man in das Innere des Berges gelangt. Und da drinnen ist etwas Wunderschönes, etwas wie eine Stadt." – „Die ist prächtig, glänzend. Dort gibt es soviel Früchte, wie du essen willst." Auch Gregorios Augen leuchten jetzt. „Die Tür soll nicht weit von der Sandfläche sein, über die wir das Eis immer bringen." Er schaut Baltazar an, als frage er, ob er das erzählen durfte. Doch dann kichern sie und greifen nach dem Käse. „So haben es eben die Alten erzählt, wer weiß…"

Reportage – unveröffentlicht

DIE KÜSTE

KRIEG IN DEN MANGROVEN

Weil die reiche Welt nach Shrimps giert, sind die einzigartigen Meereswälder von Ecuador bedroht. Und 50 000 Familien, die von ihnen leben.

Sie raucht. Wenn der Pazifik sein Wasser zur Ebbe zurückzieht, raucht sie die ganz Starken, die „Full Speed“ und die kolumbianischen „Pielroja“. Schwarzer Tabak, filterlos, von fernen Manufakturen in dünnes weißes Papier gerollt, oder krumme Zigarren, billigstes Kraut aus dem kleinen Laden vom Steg in ihrem Dorf. Hacinta ist eine Conchera, eine von Tausenden Frauen, die täglich bei Niedrigwasser mit dem Kanu in die Mangroven fahren. Täglich suchen sie im freigegebenen Schlick zwischen den Wurzeln des Gezeitenwaldes nach den Concha-Muscheln. Wer nicht raucht, setzt sich schutzlos den Millionen von Mücken aus, der Malaria und dem Gelbfieber.

Noch vor Sonnenaufgang, so wollen es die Gezeiten heute, läuft die 46-jährige Hacinta an den Strand unter den Pfahlhäusern von Palma Real. Ihr Dorf liegt im nördlichsten Winkel von Ecuador, im Wasserland der schwarzen Afro-Ecuadorianer; es ist die Endstation der „grünen Provinz“ Esmeraldas. Hacinta wirft einen kurzen Blick auf die Mündung des Río Mataje in den Pazifik und auf die Mangrovenküste auf der anderen Seite des Flusses. Dort ist schon Kolumbien. In der hohlen Hand steckt sie sich eine „Full Speed“ an, nimmt ihren Korb, ihren Gummihandschuh und die Rauchfackel aus der Schote der Kokosblüten und steigt in den Einbaum. Ihr Mann Leoncio, ihre zwei Söhne und ihre Freundin Ofrasia warten im Boot.

Mächtige Mangrovenwurzeln an der ecuadorianischen Küste

Leoncio drückt das Kanu seicht am Ufer entlang. Der Mangrovenwald zeigt bereits seine grauschwarzen Beine, das in der Ebbe atmende nasse Wurzelgeflecht unter den üppigen grünen Blättern, geschwungen wie wilde Wellen aus Holz. Die Kinder tauchen ihre Hände in eine Schale mit Dörrfisch und Kochbananen – Frühstück vor einem Arbeitstag im Gezeitenwald. Dann geht die Sonne auf, wie immer um diese Tageszeit am Äquator.

Eine Stunde später erreichen die Concheras den Estero, jenen Salzarm des Mangrovenwaldes, den sie heute für das Sammeln der Muscheln bestimmt haben. Es ist still. Noch im Boot balsamieren sie sich mit Speiseöl ein, rauchen noch eine Schwarze und zünden das Kokosbündel an. Eingenebelt in den Rauch, steigt die Gruppe barfuß in den tiefgrauen Schlick. Hacinta versinkt bis zu den Waden im schmatzenden Boden der Ebbfläche. Die Rauchfackel zwischen Daumen und Zeigefinger der Linken gedrückt, hangelt sich die zierliche Frau mit den anderen drei Fingern an den Wurzeln vorwärts oder balanciert frei zwischen den Rinnsalen des ablaufenden Wassers. Sie läuft sicher und flink durch den tiefen Schlammteppich, stets nach vorne gebeugt, die Schlupflöcher der Krebse vor Augen und die rechte, in Gummi gehüllte Hand immer wieder bis zum Ellbogen in den modrig riechenden Sumpf getaucht.

„Da ist nichts. Da ist nichts", ruft sie ihrer Freundin halblaut zu, „kaum Conchas!" „Sollen wir woanders suchen?", fragt Ofrasia durch die die Stimmen dämpfenden Mangroven zurück. Hacinta antwortet mit einem leisen Stöhnen, klettert weiter über die nassen Luftarme des Meerwaldes, spuckt den rußig-rauchigen Geschmack von sich und beginnt zu singen.

Die glitschigen Wurzeln der Bäume finden in der schwülen Hitze der Esteros nicht die Zeit zum Trocknen, denn die Flut wirft bereits nach wenigen Stunden wieder den Mantel des Pazifiks über das dichte Geäst. Es dauert nicht lange, und Hacinta ist bis zum Kopftuch voll mit Schlamm. Unter dem Kokosrauch läuft ihr ein Krebs über den tief gebeugten Rücken. „Da ist nichts."

Fünf Stunden sammeln die Concheras, bis das Wasser zurückkehrt, bis die Uhr des Meeres die Arbeit für heute beendet. Morgen um sechs geht es wieder raus, an eine andere Stelle, wo vielleicht mehr ist als diese 460 Conchas heute, die samt Schale mit Mühe einen eimergroßen Korb füllen. Mit der Tagesernte hat Hacintas Familie zusammen umgerechnet sechs Euro verdient, wenn sie sie verkauft. „Das reicht gerade für eine Mahlzeit. An Tagen wie heute essen wir abends nicht. Früher haben wir die Muscheln zu Hunderten oben im Schlick aufgelesen. Doch in den letzten Jahren ist es ein ständiger Feiertag der Conchas – dann verstecken sie sich."

Vielleicht waren auch zuvor die großen Conchera-Gruppen aus der Stadt San Lorenzo in Hacintas Estero. Die Flut verwischt alle Spuren. Doch auch wo die Auswärtigen nicht eindringen – die Conchas werden immer weniger. Die Menschen in den 25 Dörfern des Mangroven-Reservates Cayapas-Mataje bangen um ihre Lebensgrundlage. Die traurigen „Feiertage" der Muscheln zwischen den nach Luft schnappenden Wurzeln sind für die Suchenden kein Fest.

Zwischen Fluss und Meer

Mangroven sind die einzigen Bäume unserer Erde, die im Salzwasser überleben. Während sie selbst nur wenige Arten umfassen, an Ecuadors Küsten etwa sind es sechs, beherbergen sie eine gewaltige Meeresfauna. Sie sind die Wiege fast aller marinen Mikroorganismen an der tropischen Pazifikküste Südamerikas. Fische, Krebse und andere Schalen- und Weichtiere finden hier ihre Geburtsstätten und ein Nahrungsreservoir. Zahlreiche Spezies wie die Concha und der rote Krebs Cangrejo verbringen ihr ganzes Leben im Dickicht und Schlamm der Stelzwurzeln. Die Mangroven garantieren so die Fischbestände der Küstengewässer und elementare Nahrung für die Menschen. Die Concha ist neben dem Fisch das wichtigste Lebensmittel der Mangrovenbewohner.

Ein Steg zwischen absterbenden Mangroven. Lebensraum Hunderttausender von Armen am Rand der Metropole Guayaquil

Gezeitenwälder entstanden dort, wo die subtropischen Flüsse die Strände küssen, wo sich Süß- und Salzwasser vermengen, wo Land und Meer in ständigem Austausch leben. Die nur bis zu einem Meter in den Schlick der Flachwasser reichenden Mangrovenwurzeln binden zahlreiche Nährstoffe aus dem Binnenland, die sie ständig aus den Sedimenten der Flüsse und Bäche filtern. Zwischen den Wurzeln kompostieren die immergrünen Salzwälder zudem ihre herabfallenden gelben Blätter zu einem einzigartigen Humus im Übergangsbereich von Land und See. „Die Mangroven zählen zu den produktivsten Ökosystemen der Welt“, resümiert der deutsche Biologe Günther Reck, der die Meeresfauna und -flora in Ecuador seit über 20 Jahren studiert.

Ecuador beherbergt bis heute die höchsten Mangroven der Welt. Die stärkste und meerufernah wachsende rote Mangrovenart Rhizofora harrisonii entwickelt Bäume von über 60 Meter Höhe. Je älter die Bäume werden, umso mehr Orchideen, Farne, Ranken und Moose umschlingen sie. Schätzungsweise 200 Vogelarten nisten und ruhen in den Wäldern. Reiher, Fregattvögel und Pelikane sind ihre größten Bewohner.

Kleinere Mangrovenarten wie die schwarze Mangrove Avicenia germinans, die weiße Lagunculario racemosa oder die Jeli-Mangrove passen sich, weiter im Innern der flachen Küstenzone, dem geminderten Salzgehalt an und bilden ihrerseits wieder Brutstätten und Lebensraum für eigene Spezies, für Wassertiere und Vögel, aber auch für Reptilien und Säugetiere.

„Wild, schrill, Lawine, Sturm“

Im Jahr 1526 siedelten die ersten Schwarzen auf der Flucht vor den spanischen Sklavenhändlern zwischen den Stelzwäldern des heutigen Ecuador. Die Nachfahren der Afrikaner sind mit den Mangroven eine bemerkenswerte Symbiose von Lebenskulturen eingegangen. Die Ahnen der meisten Esmeraldeños stammen von der Elfenbeinküste. „Die schwarzen Spuren des unsichtbaren Kaps“ verlaufen bis heute auf den Stegen zwischen den Pfahlbauten und an ihren Kokosstränden, schreibt Nelson Estupiñán Bass.

Der Dichter aus Esmeraldas wurde 1998 für den Literaturnobelpreis nominiert, weil er heutzutage dem Geist der Zeit wie kaum ein anderer das Afrika in Lateinamerika entgegenhält: „Der Schwarze in Ecuador ist Afrika, und Afrika ist wild, schrill, Lawine, Rausch, Strudel, Feuerschmiede, Meer, Fluss, Sturm, Diamant, Aufstampfen, Duell, Pfeil, Machete und Faustschlag.“ Die Energie vom anderen Ozean.

Als Schiffbrüchige, Geflohene, Sklaven und Ausgesetzte nahmen die Schwarzen hier 300 Jahre lang an, was das Meer ihnen schenkte und abverlangte. Fast alle Bereiche ihres Alltags sind geprägt von den Gezeiten und ihrem Wald. Einer ihrer Verse sagt: „Im Wasser finde ich einen Fisch, in dem Fisch eine Schnecke, in der Schnecke ein Ei, und in dem Ei liegt meine Liebe.“

Kehren die Concheras heim, bereiten sie das spärliche Essen in ihren Holzhütten und ziehen wieder los. Die einen graben im Strand nach Almejas, den kleinen Teppichmuscheln. Anderen Gemeinden schenkt das Meer

Austern, Krebse und Schnecken. Einiges lässt sich in Ecuador vermarkten. Doch die „Seele“ der Meeresfrüchte bleibt im Dorf, wie schon vor der Erfindung des Außenbordmotors.

Über Generationen haben die Afro-Ecuadorianerinnen Rezepte an ihren Feuerstellen entwickelt, dass den Gourmets in aller Welt heute der Gaumen feucht wird. Sie zaubern herzhafte Meeresfrüchte-Cocktails – Ceviches – und Fischgerichte, bereiten verschiedenste Meerestiere in Kokossud und Suppen aus der Küche der Gezeiten. Aber dort, wohin sich keine von Kulinarik trunkenen Weltenbummler verirren, sind sie den Menschen lebenswichtige Proteine. Kraft gegen die Härten der Moskitoküste.

Für die Schwarzen im Norden von Esmeraldas bedeuten die Mangroven noch mehr. Seit Jahrhunderten gewinnen sie in nachhaltiger Bewirtschaftung der Wälder, also ohne an ihrer Substanz zu zehren, wertvolle Öle, Farbstoffe und Textilfasern aus dem Holz und aus der Rinde. Sie nutzen das harte Holz zum Bauen, Köhlern und Kochen, und ihre Heilkunde kennt zahlreiche Naturrezepte aus den Wirkstoffen der Bäume. Bei Meerbeben, Stürmen und Springfluten bilden die Mangroven ein wellenbrechendes Bollwerk zum Schutz der Strände und Dörfer. Wo das Ökosystem Mangrovenwald noch geschlossen ist, spülten auch die Unwetter nach dem Klimaphänomen El Niño allenfalls vorübergehende Hochwasser in die Gemeinden – anderenorts rissen die Regenfluten ganze Küstenstriche weg und Menschen in den Tod.

„Die Mangroven sind unsere Lebenskraft, von der wir existieren. Sie geben uns all unsere Nahrung. Sie sind die Seele unserer Gemeinden. Wir wollen hier nichts hören und nichts sehen von den Garnelenzüchtern. Als sie ihre Zuchtbecken bei uns absteckten, sind wir hinausgelaufen und habe ihre Pflöcke rausgerissen!“ Die aufgebrachte Uberliza Bustos in der Gemeinde Santa Rosa spricht die Wut der Concheras aus, die seit Jahren um ihre bedrohte Existenz kämpfen.

Die 51-Jährige kennt das Dorf Muisne im Süden der Provinz, wo die internationale Shrimps-Industrie schon 95 Prozent der Mangrovenwälder vernichtet hat und die Frauen keine Conchas mehr finden, wo die Männer ihre Netze nicht mehr voll bekommen und die Kinder um eine Kochbanane betteln. „Wenn die Mangroven aussterben, sterben wir. Doch ich sage dir, bevor sie unsere Mangroven töten, bringen wir die Camaroneros um.“

Die Concheras sind wütend

Uberliza meint die industriellen Garnelenzüchter. Der boomende Shrimps-Export Ecuadors hat die Pazifikküste des Landes in dramatische soziale und ökologische Konflikte gestürzt. Während sich der Wirtschaftsminister in der Hauptstadt Quito glücklich zeigt, dass Ecuador nach Thailand zum weltweit zweitgrößten Garnelenexporteur aufgestiegen ist, stehen Zigtausende ohnehin schon arme Familien, die in und von den Mangroven leben, vor dem totalen Aus.

Schon seit 1981 stehen die ecuadorianischen Mangroven unter gesetzlichem Schutz. Seit 1994 ist jegliches Abholzen strengstens und unter Strafe verboten. Aber „bis heute sind der Staat und seine Sicherheitskräfte nicht in der Lage, Ecuadors Mangroven tatsächlich zu schützen. Die zuständige Forst- und Naturschutzbehörde hat auf ganzer Linie versagt." Yolanda Kakabadse, als ecuadorianische Umweltministerin mit der Zerstörung konfrontiert, machte aus dem Desaster keinen Hehl – und ließ die Behörde schließen. „Den großen Industriellen ist es ein Leichtes, in einer Nacht mehrere Hektar Mangroven zu schlagen. Aus den Nachbarprovinzen heuern sie große Trupps von Macheteros an, und schon am nächsten Tag hat dort angeblich nie eine Mangrove gestanden. Dann bauen sie die Wälle der Zuchtbecken."

„Wenn die Katzen schlafen, kriechen die Ratten hervor", wissen auch die Schwarzen, denen systematisch und meistens nachts das Wasser abgegraben wird. Zudem verkaufen unter dem wachsenden Armutsdruck viele ihr Agrarland zu Dumpingpreisen. Fast alle Gemeinden haben oder hatten im Inland der Mangroveninseln und –landzungen Anpflanzungen auf den Festlandböden. Sie bauen Kokospalmen, Yucca, Reis und Früchte an, die sie auf den Märkten sonst kaum erstehen können. Und kaufen nicht die Shrimps-Farmer, reißt sich zunehmend die Agro-Großindustrie um die Ländereien.

Waren es im Süden Ecuadors seit den 60er Jahren vornehmlich die Bananenplantagen, so rodet in Esmeraldas die Agro-Industrie zum Anbau der Afrikanischen Ölpalme den subtropischen Wald hinter den Mangroven. Jüngst hat eine Firma weitere 30.000 Hektar neben dem Mangrovenreservat erstanden, mehr als halb so groß wie das Schutzgebiet selbst. Der Río Mataje spült die dort eingesetzten Pestizide und Insektizide tonnenweise in die Mangroven. Bäume und Tiere, die dem Tod durch die Machete bisher entgangen sind, droht nun die bittere Keule der Chemie.

„Das Meer weint, denn sie benutzen es als Mülleimer, die Schiffe, die Industrie. Und als die Ölpipeline platzte, starben unsere Fische in Massen. Dann zürnt das Meer. Es nimmt sich die Ufersiedlungen schneller als je zuvor. Auch unsere Kinder müssen jetzt schneller wachsen. Mädchen mit zwölf bekommen Babys. 15-Jährige müssen Familien unterhalten. Da zerbricht unsere Geschichte." Der 80-Jährige Segundo Darío Zuniga Rodríguez aus dem Man-

Mit dem Kanu unterwegs zur Muschelsuche

grovendorf Changuaral sucht Halt in seinen Erinnerungen. Es fällt ihm sichtlich schwer.

Segundos Vater war noch in den Concha-Krieg von 1913 gezogen. Er kämpfte auf den Mangroveninseln an der Seite des aufständischen schwarzen Generals Carlos Concha gegen die liberalen Truppen aus der Hauptstadt und aus Guayaquil. Die Liberalen rächten sich an den nach Unabhängigkeit strebenden Afro-Ecuadorianern für den Tod ihres Revolutionsführers Eloy Alfaro und seiner Brüder. Hunderten Schwarzen wurde der Kopf abgeschlagen, etliche flohen vor den Regierungstruppen in die Kokoswälder und Mangroven. Geschichte.

87 Jahre später steht Esmeraldas vor einem neuen Concha-Krieg. Dieses Mal vor dem letzten Gefecht um die Muscheln, um das Überleben der Concheras und der Mangroven, im Kampf gegen die Invasion der Garnelenindustrie aus Manta und Guayaquil. Der Umweltkrieg ist nicht erst erklärt, seit die Crew des Greenpeace-Aktionsschiffs „Rainbow Warrior" im vergangenen Jahr den Concheras zur Seite stand, als sie in Esmeraldas Dämme der Garnelenzüchter einrissen.

Von den einst 300.000 Hektar Mangroven an den Küsten der Andenrepublik steht nur noch rund die Hälfte. Seit vor 30 Jahren die Garnelenzucht begann, fällt die Industrie den Gezeitenwald des Ostpazifik in einem Tempo, dass das Ende der Mangroven nur noch eine Frage von zehn bis zwanzig Jahren ist. Nachdem große Teile der Mangroven wie auch viele Zuchtbecken in den südlichen Provinzen von El Oro, Guayas und Manabí den Pestiziden aus dem Bananenanbau zum Opfer fielen, hat vor 15 Jahren der Run auf die grüne Provinz eingesetzt. Jüngst tauchten auch die für Garnelen tödlichen Weißfleck- und Gelbkopfviren in den Zuchtlarven auf. Die Antwort der Beckenhüter heißt Chlor und nicht Besinnung.

Eine 1600 Fußballfelder große Garnelen-Anlage

Einen Steinwurf vom Naturschutzgebiet Cayapas-Mataje entfernt ließ ein Industrieller in den vergangenen sechs Jahren 800 Hektar Garnelenbecken aus dem Boden schürfen; Purocongo wird die Anlage genannt. Den letzten 60 Meter hohen Mangroven von Majahual grub der Hauptaktionär und Purocongo-Chef Carlos Acosta mit einem künstlichen Kanal das Meerwasser ab.

Durch seine 1600 Fußballfelder große Anlage patrouillieren rund um die Uhr bewaffnete Wächter auf Gelände-Motorrädern. Nachts postiert Acosta seine Scharfschützen auf den Wachtürmen dieses Hochsicherheitstraktes. Tagsüber schießen die angeheuerten Jäger jeden Pelikan oder Reiher ab, der sich erlaubt, den Luftraum der Wasserplatte zu verletzen. Es knallt fast den ganzen Tag über den öden Seen. Und wie im Monopoly kauft der Industrielle den Bewohnern des anliegenden Dorfes La Tola weiterhin die Ländereien ab. Die Menschen in La Tola sind gespalten.

Die Fischer im Nachbardorf Olmedo sind vollends bedient. Auch ihr Schicksal liest sich wie ein ökologisches Schmierenstück. Um 80 Prozent seien ihre Fänge seit dem Aufbau von Purocongo zurückgegangen. In ihrer Umgebung lebten auch zahlreiche Leguane, die sie zu ihren Grundnahrungsmitteln zählen. Als die Echsen begannen, Löcher in die Beckendämme zu graben, setzte Zuchtchef Acosta eine Kopfprämie von umgerechnet drei Mark pro erlegten Leguan aus, um auch dieses Problem „sauber“ zu lösen.

Zur Sicherung der Meerwasserzufuhr zu den Becken auch bei Ebbe ließ Acosta mehrere 120 Meter lange Betondämme ins Meer bauen, einen Kilometer von der Mündung des Río Cayapas entfernt, an der das Dorf Olmedo liegt. Der starke Austritt des Flusses und die Gezeitenströmungen an der Mündungskante stoßen auf Beton, bilden neue Strudel und reißen allmählich die gesamte Kante weg. Nach dem Verschwinden der Mangroven stehen bereits die Mangobäume der Gemeinde als tote Stämme im Salzwasser.

Das internationale Garnelengeschäft läuft blendend und schnell: Ist das Land einmal billig erworben, wird es vollends „gesäubert“: Bulldozer schieben die Erdmassen und Mangrovenreste auseinander, und Bautrupps finden ein paar Wochen Arbeit beim Dammbau. Die Zuleitung frischen Meerwassers wird

Sohn einer Conchera im Kanu

gesichert, eine kräftige Pumpe für das angelegte Wasserreservoir installiert, ein paar Schleusen eingebaut, und fertig sind die Brutkästen für den Gaumenschmaus der Garnelenfreunde weltweit. Mehrere hundert Labore züchten die an den Stränden gefangenen Larven bis zur Reife für die Pools.

Auch mitten im Reservat haben die Camaroneros zugeschlagen. Ein Investor kaufte schlicht die ganze Insel von Pampanal auf, bereits 180 Hektar Becken sind ausgehoben, „ganz legal, vor 1994". Die 160 PS einer Deutz-Pumpe made in Germany spülen ihm die Wannen voll. Aus dem Jungtierbecken ziehen die aufgepäppelten Garnelen noch für drei Monate in den großen Schwimmstall. „Wir füttern ein Mischfutter aus Fischmehl und Maismehl. Dazu setzen wir chemische Verbindungen, zum Beispiel Antibiotika, und ein Algenvernichtungsmittel, damit die Becken sauber bleiben", erzählt einer der gerade einmal fünf Arbeiter, die die Anlage beschäftigt.

Sind die Garnelen gemästet, wird zum Abschied der Stöpsel aus dem Becken gezogen, und die Tiere aus dem zwölf Hektar großen Pool treffen sich zum Totentanz im „Sack", wie die Groß-Camaroneros den Kehraus ihrer Brutstätte bezeichnen. Ein guter Fang. Aus einem Hektar Becken-Anlage ziehen die Besitzer bis zu 13.000 Dollar Umsatz pro Jahr. Die ecuadorianische Garnelen-Industrie erwirtschaftete 1998 über 850 Millionen Dollar Exporterlöse. Damit lag sie erstmalig auf Platz zwei hinter den Bananen und noch vor dem Erdöl.

Die traditionellen Garnelenfischer von Pampanal im Delta des Río Cayapas können mit dieser Technik nicht mithalten. Sie stöhnen über die schlechten Fänge, den hohen Benzinpreis für ihre Außenbordmotoren und den niedrigen Marktpreis, auch wenn ihre Tiere nicht gedopt sind.

Und nun detonierte politisches Dynamit in ihren Gewässern. Als 1999 das Finanzsystem der Republik Ecuador kollabierte, hatte der damalige Staatspräsident Jamil Mahuad eine neue Idee. Diese kann die 50.000 Familien in den ecuadorianischen Mangroven schon in Kürze zum Opfer der schwer angeschlagenen Staatskämmerer machen: Um sich zu sanieren, will der Staat die Küste Ecuadors an die Privatwirtschaft verkaufen.

Nein, „nicht verkaufen", beruhigte die Regierung die geschockten Concheras. Der Gesetzentwurf sieht vor, die Strände, Buchten und Mangroven auf 90 Jahre gegen eine einmalige Zahlung von 1000 Dollar pro Hektar „nur" zu verpachten.

„Verdammt noch mal, warum verkauft Ihr mich!?" Unter diesem Motto reisten mehrere hundert Concheras aus allen Küstenregionen in die Hauptstadt Quito und protestierten. Denn die, die kaum das Geld für die Busfahrt zusammenbekamen, können im Küstenpoker nicht mitbieten. Dagegen öffnet die Shrimps-Industrie bereits ihre Scheckbücher. Nach einem polizeilichen Empfang mit Tränengasgranaten fanden die Demonstranten schließlich bei der Umweltministerin Gehör. „Die Mangrove ist Arbeit, Nahrung und Leben, und das Leben lässt sich nicht privatisieren", riefen sie. „Was machen unsere Töchter? Sollen noch mehr nach Quito gehen und sich prostituieren? Unsere Kinder haben schon klauen gelernt! Carajo!"

Auf den Stufen des schwer bewachten Justizpalasts spielten sie die Marimba, ihr dem Xylophon ähnliches Musikinstrument, bis auch der Oberste Gerichtshof sie einließ. Sie seien es satt, immer neue Naturschutz-Gesetze zu lesen, ohne dass sich jemand danach richtet, klagten sie. Die Conchera Hacinta und ihre Nachbarinnen glauben es einfach nicht, dass die noch lebenden Mangroven vom Ausverkauf ausgenommen werden sollen. Denn spätestens nachts, wenn die Katzen schlafen, schlägt die Machete im Wald, so wissen sie. Und dann morgens ist da nichts. Ein afrikanischer Mythos sagt: „Der Tod kommt singend." Und das Meer weint dazu.

Umweltreportage – MARE im Juni 2000

IM SCHLAFZIMMER VON MOBY DICK

Vor der Pazifikküste Ecuadors versammeln sich antarktische Buckelwale zum Paaren

„Die Wogenkämme sanken ebenso träge vornüber, und über die weite, traumtrunkene See hinweg nickten Ost und West sich zu, alles getaucht in den Glast der Sonne."

Auf der Mauer der kleinen Hafenmole wartet eine Handvoll Männer auf die Fähre nach San Vicente, die Zigarettenverkäuferin flaniert den Kai entlang, während im Bus nach Guayaquil der Motor warmläuft und Kinder in Uniform gutgelaunt zur Schule schlendern. Morgens um sieben ist es im tropischen Küstenstädtchen Bahía de Caráquez noch erträglich warm unter der pazifischen Äquatorsonne. Ein Mann treibt zwei Ziegen durch die Straße, und Guide Patricio holt an der „Capitanía del Puerto" die Auslaufgenehmigung ein, denn wir haben etwas vor.

„Es ist dies meine Art, mir den Koller zu vertreiben und den Blutkreislauf anzuregen. Sooft etwas Verbissenes in meine Züge kommt und in meinem Innern ein naßkalter November zu nieseln beginnt, ... halte ich es jeweils für geraten, sobald als möglich auf See zu kommen."

Die Buckelwale treffen jedes Jahr im Wonnemonat vor der Küste Ecuadors ein, auch nach der langen Reise noch gut genährt von den vier Monaten im Krill und Schwarmfisch der antarktischen Gewässer. Während ihre arktischen Artgenossen nach Hawaii ziehen, versammeln sich die Walgruppen der Südhemisphäre zum jährlichen Liebesspiel und zum Kalben auf dem flachen, küstennahen Schelf vor Bahía, Puerto López und zahlreichen anderen Fischerdörfern der kleinen Andenrepublik. Hier im tropischen Wasser von bis zu 28 Grad päppeln die Säuger ihre viereinhalb Meter langen Neugeborenen mit der fetthaltigen Muttermilch bis September auf. Anfüttern für den langen Weg nach Süden. Gleichzeitig kokettieren die Bullen bereits raumgreifend und unmißverständlich mit den Wal-Damen um die nächste Vaterschaft, wozu sie ihre weltberühmten Gesänge anstimmen.

„Aussingen!" tönte es ungestüm aus mehr als einem Dutzend rauher Kehlen. „Gut!" rief Ahab mit einem wilden Frohlocken.

Ein „wildes Frohlocken"? Wir suchen am Horizont nach Luft, aus den gewaltigen Lungen des Furchenwals geblasene und das Oberflächenwasser zerstäubende Luft. Dann gleitet eine schwarze Flosse aus der Dünung. „Da! Geradeaus, da!" Fünf Delphine nähern sich, springen hoch aus dem Wasser, kommen ganz nah, noch ein Sprung und fort. Weitersuchen nach der Luft. Es riecht etwas nach Sprit. Graugrün ist die See. Drei Pelikane treiben auf den Wellen und verdauen. An Bord herrscht angespannte Stille. „Wenn wir sie nicht sehen, besuchen wir später ein paar Garnelenfischer. Das ist auch interessant", meint Patricio, ohne sich damit Freunde zu machen. Nicht heute. Luft, nur Luft zählt.

Eine geschlagene Stunde verging, zu einer Ewigkeit zerdehnt. Die Zeit selbst hielt vor Spannung gleichsam den Atem an.

Die Farbe des Wassers wechselt, wird dunkler und klarer. Die Wale lieben das, denn sie können sich besser sehen, während sie balzen, vermuten die Biologen. Der Wind wird jetzt wärmer. Salz klebt auf der Stirn. Noch eine Stunde stehen wir auf den Bänken, das Gestänge des heute nicht schützenden Sonnendachs fest umklammert. Die Beinmuskeln sind gespannt, federn jeder Welle entgegen. Zum x-ten Male gehen die Augen den Horizont ab. Zum … „Ballenaaa!" Das ist der Wal! „Wo? Wo hast Du ihn gesehen?" – „Rechts. Vielleicht 500 Meter entfernt. Er blies. Glaube ich …" Phantasieren wir?

„Dort bläst er! Dort bläst er! Ein Höcker wie ein Schneeberg!"

„Ja, er bläst." Kurs Steuerbord. Schnell, wir sind noch weit entfernt, aber wir haben ihn im Visier, für Momente. Doch darüber ist er abgetaucht, wer weiß wohin. Wir treiben über der Stelle, wo wir ihn gesehen hatten. Ruhig der Motor. Traurige Ruhe. Wir haben einen Buckelwal gesehen, glauben wir. Wir suchen weiter, doch wir finden ihn nicht mehr. War das alles? Waren wir vielleicht zu laut?

„Er zieht plattweg nach Lee", rief Stubb, „genau von uns weg; kann das Schiff noch nicht gesehen haben." – „Schweig still, Mensch! An die Brassen! Ruder in Lee! Recht so. Fall, fall, überall!"

„Manchmal haben sie auch Narben von den Angriffen der Orca-Wale.

Dann können wir sie besser unterscheiden. Die Killerwale und Raubhaie sind ihre einzigen Feinde. Und eben wir." Drei Tage später sitzen wir neben Meike Scheidat, einer jungen Biologin vom Kieler Institut für Meereskunde. Die Ausfahrt führt diesmal von Puerto López zur Isla de la Plata, einer glutheißen Felseninsel, 24 Kilometer vor der Küste, auf der schon die Menschen der Valdivia- und Machalillakulturen vor mehreren tausend Jahren um Regen beteten. Nach ihren Studien der Schweinswale in der Ostsee promoviert Meike seit kurzem im Nationalpark Machalilla über das Verhalten der Buckelwale und ihre Begegnungen mit uns Menschen, die in diesem jungen Zentrum weltweiter Walbeobachtungen immer häufiger werden.

„Die Sprünge und das Schlagen mit der Fluke, das ‚breaching', dienen wahrscheinlich dem Abstecken ihres Reviers. Mit den lauten Sprüngen wollen sie vielleicht auch Angreifer abwehren, vielleicht sogar Boote. Oder sie wollen sich die Seepocken abschlagen". Menschliche Feinde hatten die Wale in der Vergangenheit viele. Von den einst wohl 200.000 Buckelwalen bleiben heute noch rund 10.000 Exemplare weltweit. Die Walausrottung en gros begann schon mit Käpt'n Ahabs „wildem Frohlocken" und endete schließlich im großindustriellen Walfang der Nachkriegszeit. Erst seit den Sechzigern werden internationale Artenschutzabkommen beim Buckelwal spürbar wirksam. Die Bestände haben sich leicht erholt. Mehr noch, weiß die Expertin: „Schützt man hier die Wale, schützt man automatisch das ganze Ökosystem, weil die Wale am Ende der Nahrungskette stehen."

Dies läßt sich nun freilich nicht immer so halten, besonders unter der Linie im Stillen Ozean, auf der langen Chaussee, wie der Seemann sagt, entsteht manchmal um einen vertäuten Wal ein solch unbeschreibliches Gewimmel von Haien …

„Ballenas!" Der Ruf durchdringt das ganze Boot, durchzuckt die Gedanken. Kursänderung. Der Bootsjunge im Ausguck zeigt jetzt geradeaus. Nicht weit weg sehen wir die Blasfontäne, seinen zum Abtauchen gebuckelten Rücken mit der kleinen Finne. Endlich die ersehnte „Luft". Es sind drei Wale. Mit offenstehenden Mündern verfolgen wir das Plätschern, Wedeln und Schlagen von Finne und Fluke. „Wenn er die Fluke hebt, will er tiefer tauchen. Doch das kann 15 Minuten dauern." Meike hat es zur Identifikation mit der Kamera stets auf die Fluke abgesehen. Nicht nah, aber in der Ferne sehen wir einen weiteren Wal mit fast ganzer Körpergröße aus den Fluten springen. Begeisterung an Bord. „Nach hinten ins Boot! Dann sind wir schneller!" ruft Kapitän Paco und hat den Springer im Visier. Wir kommen recht zu einem stillen Liebesakt. Ein anderes Fischerboot schließt sich uns an. Die Wale scheinen keine Angst zu haben, ihre Aktionen werden ruhiger.

Nach etwa einer Stunde verlassen wir die schmusenden Säuger Richtung Isla de la Plata, wo wir uns stärken, erholen und am Strand von Walen träumen. Einige Wellenmüde unternehmen eine kleine Wanderung zu den Blaufußtölpeln und Fregattvögeln des Eilands.

„In Wale wird viel hineininterpretiert. Wir vermenschlichen sie oft zu sehr. Das scheinbare Lächeln, das die Mundlinie von Delphinen und einigen Walen zeichnet, erwärmt die Herzen der Menschen. Viele wollen sie gar anfassen, doch es bleiben wilde Tiere. Wenn auch das Gehirn etwa des Delphins in seiner Struktur dem menschlichen ähnelt, so leben sie damit in einer völlig anderen Welt." Meike dringt bei aller Begeisterung über die friedlichen, bis zu 15 Meter langen Geschöpfe immer wieder auf Bedacht beim Watching. „Denn bei all der Liebe zu ihnen: Wir dringen soeben in ihr Schlafzimmer ein, und sie sind mitten im Akt."

Gegen drei am Nachmittag packen wir die Sachen und verlassen die heiße Vogelinsel. Die Stimmung an Bord ist gelassen. Geschichten von Moby Dick machen die Runde. Am Horizont ruht die Festlandküste Südamerikas hinter einem diesigen Vorhang. Über uns scheint die Sonne.

Und genau dazwischen bahnt sich der nicht mehr erwartete Höhepunkt der gesamten Expedition an: Die selben drei Buckelwale treffen sich zu einem grandiosen Nachmittagsflirt. Fluken schlagen auf das Wasser, daß es nur so knallt. Weiße seepockige Flossen wedeln wie trunkene Fächer über das Meer. Fast geräuschlos gleiten wir heran, ganz nah, vielleicht 30 Meter. Alle drei blasen schnaubend, schauen kurz aus dem Wasser. „Viene el salto!" ruft Guide Angel leise, fast heiser über das Deck: „Jetzt kommt der Sprung!" Totenstille an Bord. Die Sekunden vergehen, dann beult sich die See, und eines der beeindruckendsten Geschöpfe der Weltmeere drückt seinen gewaltigen Körper weit aus dem Wasser und läßt sich rücklings in den Pazifik knallen. Das Schauspiel wiederholt sich, dreimal, viermal. Ganz nah. Nicht nur die Fotografen rasten aus.

... und das dunkle Laken des Meeres wogte weiter, wie es vor 5000 Jahren gewogt.

(Die *kursiven* Zitate sind entnommen aus: Herman Melville, Moby Dick.)

GUAYAQUIL

Geschichten, Geschäfte und Gesichter einer unbekannten Metropole

Hafenstädte müssen schmutzig, laut und stinkig sein, sonst läuft niemand ihre Molen an. Guayaquil ist Hafenstadt, Handelsstadt, eine heiße Stadt. Ein Potpourri von Menschen. Von Atmenden, Suchenden und den Schwitzenden unter der tropischen Äquatorsonne auf sechs Meter über Null. Schöne Menschen schenken einem ein Lächeln, ein Lachen, einen Flirt zu jeder Tageszeit. Ein romantisches Ufer, eine pulsierende Allee und Stadtparks aus dem lateinamerikanischen Bilderbuch beeindrucken denjeneigen, der die Stadt nicht gleich verstehen muß, der sie vielleicht nie verstehen wird.

Hafenstädte haben finstre Gassen und Gestalten. Proporz und Gesindel reichen sich den Blick. Seefahrer, Landlose und Stadtneurotiker richten sich ein für heute, denn „morgen ist heute schon gestern" (Tucholsky). Guayaquil ist die „unregierbare Stadt" der Schmuggler, Geldwäscher und Prostituierten. Sie sei die modernste und liberalste des Landes, verkünden die modernen und liberalen Politiker der Stadt. Vielleicht meinen sie freizügig oder auch vulgär. „Nehmen Sie das Zimmer für eine Stunde oder die ganze Nacht?"

Busse rasen durch die Straßenschluchten, solange die Schluchten sich nicht am Verkehr verschlucken. Klimaanlagen sabbern ihr Kondenswasser auf die Bürgersteige und formen kleine Teiche vor den Abgründen der hohen Bordsteinkanten. „Wir machen aus dem Hafen ein wahrhaftiges Handelszentrum Lateinamerikas", verkündet ein führender Stadtrat.

Bisher jedoch ist die Stadt der größte Schwarzmarkt Ecuadors. Die Waren aus den geklauten Containern und unverzollten Hochseelieferungen sind derart gut sortiert, daß Gäste zum Shopping aus Peru und sogar aus Costa Rica anreisen. In Guayaquil gibt es alles. Nur frage nicht, woher und wohin das führt.

Die Geschichte dieser Stadt beschreibt zugleich ihre Geschichtslosigkeit, die nahezu teilnahmslose Hinnahme des eigenen Wachsens. Nicht, daß sich nicht auch Guayaquils spanische Gründung durch Benalcázar 1535 belegen ließe, doch schon 1537 gründete der Amazonasentdecker Francisco de Orellana die Stadt erneut, dieses Mal nicht bei Babahoyo wie zur Erstgründung, sondern dort, wo sie heute noch am oberen Rio Guayas liegt. Und so erzählt sich die Geschichte Guayaquils auch in den nächsten 460 Jahren: jeden Tag eine neue Gründung, nicht immer einer ganzen Stadt, doch eines neuen Gesichts dieser Stadt.

Es ließe sich auch erzählen, daß die Inkas diese Gründungen nicht mit ansehen wollten. Der starke Krieger Guayas und die Prinzessin Quilm zogen es vor, so die Legende, sich kurz vor dem Eintreffen der Conquistadores von dem Berg „Cerro Santa Ana" zu stürzen – lieber tot als unterjocht. Die Besetzer besetzten nun auch ihre Namen: Guaya(s)quil(m). Die Piraten zahlten es den Spaniern schließlich heim, mit regelmäßigen Überfällen auf die Speicher der Krone.

Guayaquil in der Chronologie ihrer Gründer, berühmten Besucher und maßgeblichen Deklarationen zu beschreiben, läßt Makulatur entstehen. Diese Metropole tickt anders, hat andere Energien, schert sich einen feuchten Regentag um ihre Geschichte und überrascht.

Die Guayaquileños seien oberflächlich, viele sogar ignorant. Die Quiteños nennen sie daher „monos" – Affen, „denn sie greifen nach jeder Banane, die du ihnen hinhältst", heisst es in der Hauptstadt. Wenn das stimmt, ist es kein Wunder angesichts des desolaten Zustands von Bildung, Versorgung und Lebensperspektive der armen Schichten. Doch oberflächlich wären sie auch dann noch mit verblüffendem Charme und dreister Selbstverständlichkeit.

Guaquileños lassen sich begeistern. Zwischen dem Schwarzmarkt von „Bahía" und dem fast vergessenen Altstadtviertel Las Peñas soll als nächstes eine grandiose Uferpromenade entstehen. Dieses Projekt „Malecón 2000" soll alle anderen Bauvorhaben zur Jahrtausendwende in den Schatten stellen. Ach. Die ewig laut und populistisch regierte Metropole kennt schon so viele Versprechungen.

Die betuchteren Guayaquileños scheinen anpassungsfähig wie Steinfische. Der neuste Schrei kann gar nicht neu genug sein. Das meiste Neue kommt von Norden, vom Großen Bruder der Konsumwelt aus Miami und Nueva York. Handelsstadt heißt Fluktuation, Reisen, Geschäfte, Mitbringsel und Geschichten von der großen Welt. Die Menschen adoptieren Lebensweisen, Moden und sogar Stimmungen. Natürlich läßt sich das unbekannte Hallo-

Blick über Guayaquil

ween-Fest problemlos in Guayaquil als ein November-Stadtfest installieren – das ist hier wie Fahrstühle einbauen.

Eine was? Eine „Mall"? – Ach so, ja wir auch. Wie Pilze schießen die US-kopierten Mega-Einkaufszentren aus dem Boden der Stadt. Das jüngste Monster und größte an Südamerikas Pazifikküste, „Mall del Sol", stellt auf 110.000 m² aus. Das sind 11 Hektar oder auch mehr als gesamte 1. und 2. Fußballbundesliga jedes Wochenende an Rasenfläche bespielt! Keiner weiß, wie dort die 3000-Dollar-Kleider aus Mailand an die Frau gebracht werden, aber das ist ja auch nicht wichtig. Morgen eine neue Mall.

Selbst Shopping-Profis aus der Upper Class klagen gelegentlich, daß sie dem Gründungs-Boom an Malls nicht mehr gewachsen sind, das Warenangebot kaum noch überblicken können. Die Masse der Armen hängt sich jedenfalls an den Rockzipfel dieser materiellen Illusionisten: Autoaufpasser, Schlangesteher, Schuhputzer, Lastenträger und leichte Mädchen. Ganz unten sitzen Indianer und andere verwahrloste Mutter-Kind-Ensembles auf dem nackten Bordstein mit einem Napf in der Hand und dem Schmutz der Stadt unter den Nägeln.

Guayaquil ist die mit Abstand größte Stadt Ecuadors, nein, genauer ein großer Überseehafen, den die Zuziehenden jeden Tag mehr zu einem urbanen Koloß quellen lassen. Jeder fünfte Ecuadorianer lebt bereits hier: zweieinhalb Millionen Menschen. Jeder zwölfte von ihnen lebt laut Statistik sorgenfrei in Luxus, aber fast jeder zweite bereits in Armut.

Ganz unten in der Einkommenshierachie lebt man in den *suburbios*, in Trinitaria und Guasmo, auf besetztem Land, im Schlick der *esteros salados*, durch bei Flut Salzwasser hinaufkriecht, um Müll und Kot der Stadt ins Meer zu holen. Nicht weniger als vierzig Prozent von Guayaquil sind besetztes Land.

Die Reichen wiederum leben in ihren Wohlstands-Festungen in Urdesa, Los Ceibos, in Puerto Azul und dem extrem neureichen Samborodón, bewaffnet bewacht, um ruhig schlafen zu können, um abends ein Kinderfahrrad im Vorgarten vergessen zu dürfen.

Eine Mittelschicht lebte mittelmäßig mit, seinerzeit in den 70ern, als das Erdöl boomte und dieses Handelszentrum am Rio Guayas mit sich in den schwarzen Goldrausch zog. Schon in den 80ern knarrte es im Gebälk der neuen Konsumklasse. Und heute ist gestern schon wieder vergessen. Die *clase media* geriet dramatisch unter ökonomischen Druck zwischen den Extremen der Stadt. Im Stadtzentrum selbst leben heute noch etwa 200.000 Menschen.

Wie oft mußte ich lesen, Guayaquil sei keine schöne Stadt?! Natürlich ist sie nicht die einst verehrte „Perle des Pazifik“. Alles Lüge, nein, genauer: alles Geschichte. Schöner als ihre Damen im Etablissement kann die Stadt selbst nicht sein. Guayaquil liebt einen für Stunden. Umarmt und verschlingt einen in Minuten. Und vergißt einen in Sekunden. Diese Stadt ist wie eine Hure, die sich mehrmals täglich an irgendeinen dahergelaufenen Zeitgeist verkauft.

Wer diese unbeschreibliche Stadt jetzt noch nicht liebt oder haßt, muß sie begehen und befahren, die wenigen, aber unverwechselbaren Attraktionen Guayaquils kennenlernen und ihre Menschen studieren. Reisende machen Bekannschaft mit den griesgrämigsten *taxistas* des Landes und bei der nächsten Fahrt schon wieder mit dem herzlichsten und redseligsten Chauffeur. Unvergesslich, mit so einem lachend durch den *tráfico* zu stöhnen, schwitzend die regenüberfluteten Straßen zu umfahren, immer in der Gewißheit: Du wirst Guayaquil nie verstehen.

Stadtporträt – Mai´s Weltführer 1999

DIE TRANSANDINISCHE EISENBAHN

Vor 100 Jahren ließ der ecuadorianische Revolutionär Eloy Alfaro die „schwierigste Bahnstrecke der Welt“ bauen. Die Pazifik-Anden-Passage von 0 auf 3604 Höhenmeter zählt heute zu den spektakulärsten Reiseerlebnissen Lateinamerikas.

Sechs Uhr sechs. Ein Heulen durchsticht das matte Morgengrauen. Ein Knall, ein Ruck, und ein Kind stößt sich den Kopf. Die Lokomotive drückt die Waggons unsanft aus dem Bahnhof. Dort lodert ein Feuer am Straßenrand. Der Bahnbeamte schwenkt die alte Blechlaterne. 23 Grad Celsius – das wird ein heißer Tag. Die Millionenstadt Guayaquil räkelt sich, doch viele schlafen noch, drehen sich noch einmal um.

Der Bahnhof von Durán ist wach. Touristen sortieren ihren Proviant auf den Holzbänken von Gleis 1. Eine Gruppe von Schülerinnen kauft ihr „boleto“ bei dem freundlichen Mann hinter dem kleinen Schalterfenster. Der feuerrote Waggon 112 der „Ferrocarriles Ecuatorianos“ steht bereit zur Abfahrt. Die Mädchen klettern aufs Dach.

6 Uhr 25 heult das Horn der Diesellok. Die Bremsen zischen. Es durchruckt den Zug. Pünktlich wie der „Dachstein-Express“ verläßt die Transandinische Eisenbahn die Küstenmetropole, zieht aus dem Bahnhof, vorbei an einer alten Dampflok mit ein paar Kesselwaggons. Durán erwacht. Hunde

bellen. Ein Bäcker bereitet seine Bleche. Markttag. Rhythmisch schnackelt die Eisenbahn über die ausgefahrenen Kopfenden ihrer Gleise: eine Lok und ihre drei roten Wagen.

Hinter uns liegt die Stadt. Vor den Puffern entfaltet sich die hügellose Weite der ecuadorianischen Küstenlandschaft. Zwischen Schilfwiesen setzen Reisbauern ihre Büschel aus. Unmengen von Deckspelzen fallen in einer Reismühle ab – ein gelber Schalenberg am Ortseingang von Yaguachi. Am Bahnhof gibt es Fisch. Der Zeitungsjunge durchläuft den Gang unserer „Primera Clase" mit dem Nachtwerk der Rotationsmaschinen. Der Halt dauert nur zwei Minuten. Mücken dringen in den Wagen, während die dunkelhäutigen Costeños schwere Säcke auf den Zug hieven. Noch mehr Reisende steigen aufs Dach.

7 Uhr 31. 28 Grad Celsius und noch immer 5 Meter über dem Spiegel des Pazifik. Dann das Rucken zur Ausfahrt in die Zuckerrohrplantagen. Bald kündigt der dampfende Industriepalast einer Zuckerraffinerie das Städtchen Milagro an, das „Wunder". Sein Bahnhofsgebäude nur noch ein Lagerschuppen unter korrodiertem Wellblech. Allein die traditionelle blaurote Farbbinde an der Schuppenwand deutet auf seinen Erbauer "Ferrocarriles".

Im Zug duftet es nach „bolas de verde con queso", Kochbanane mit Käse, dazu süßesten Kaffee. Im „Teatro Presidente" läuft ein Erotikfilm, laden mich die Poster vergebens ein. Weiterfahrt um 8 Uhr 11, mir Rucken und Zischen, schon so gewohnt. Langsam schiebt sich die Bahn durch den Samstagsmarkt: T-Shirts, Äpfel und Kassetten. Zwanzig Zentimeter vor meinen Augen ziehen Hemden und Miederwaren vorbei. Ein Händler versucht, mir während der Fahrt ein Paar schwarze Stöckelschuhe zu verkaufen, doch ich kaufe nicht.

Dann Orangen, Shampoo, Badelatschen, Hefte, Kokosnüsse, Nagellack, Tomaten, Stoffe, Luftballons, Trauben und mutterlose Küken im Karton. Dahinter gelbe Taxis, Transportfahrräder und gewichtige Getreidewaagen. In der Sonne frühstücken einige Milagreños mit offenem Mund auf den Zug blickend. Am Ortsausgang frische Blumen vor dem Tor des großen Friedhofs. Ehre den Ruhenden.

Eine stillgelegte Lokwende zeugt von der prosperierenden Epoche der Bahn, als die Zucker-„ingenios" noch auf den Schienen zum Pressen anfahren ließen. Heute führt kein Weg mehr dahin zurück.

Einfache Holz- und Bambushäuser säumen die Trasse, Hausgärten mit Mais, Kokos und Bananen. Ein Vater hält sein halbnacktes Kind hoch: „Schau, ein Zug!" Die Schaffner treffen sich mit dem Gepäckträger zum Plausch auf der Plattform der offenstehenden Hintertür. Überhaupt ist alles offen, was

Riegel und Scharniere hat, denn es ist schwül. Die Sonne drückt auf die dünne Wolkendecke, als wir inmitten von Bananenplantagen den Bahnhof Venecia Central anlaufen. Nun zeigen sich Gärten mit Kaffee, Kakao und Papaya. In Naranjito, einem Ort ohne Straßen, steigen mehrere Familien ein. Eine Alte verkauft lange Zuckerrohrstücke, Wegzehrung von ihrem Feld.

Hinten steht der Bremser, die schwarze Mütze mit den goldenen Streifen und der Plakette „Bremser“ auf der Stirn, seine Sonnenbrille und ein weißes Taschentuch vor dem Gesicht, in Jeansjacke und ledernen Arbeitshandschuhen, den Blick nach vorn durch den Wind zur Lok. Ein Weichensteller wie im Film. Fast alle Männer der Eisenbahngesellschaft tragen Schnäuzer und lange Kotteletten, manche in grau.

San Antonio. 9 Uhr 30. Auf einem Nebengleis zerfällt ein Güterwaggon vor sich hin. Müde von der frühen Abfahrt und dem monotonen Rattern der Räder schließe ich die Augen. Ich rieche Blumen, dann Rauch, etwas Feuchtes in der Luft. Vielleicht Seerosen? Das Rattern begleitet singend nun ein feines Quietschen der rotierenden Räder. Ich schlafe ein.

Erneut ein Ruck aus den Bremsen. Bucay. 10 Uhr 35. 280 Meter hoch. Was für ein Trubel in diesem schmutzigen Nest? Vor dem Fenster schweben Mandarinen und Melonen. Der Zug fährt kurz zurück und ruckt und stockt, bis ein neuer Waggon angestoßen ist: das in Holz ausgebaute Schmuckstück des Verbundes. Noch halb im Schlaf entdecke ich Touristen, die mit Bergschuhen auf den Waggon klettern. „Boletos, boletos, boletos“, ruft jemand unentwegt. – Träumte ich von Deutschland? – „Das Intercity-Team verabschiedet sich von Ihnen ...“ Ich denke an Köln. „Personalwechsel, die Fahrkarten, bitte“, geht mir durch den Kopf. Doch nein. Ein alter Bettler geht die Bankreihen ab mit einem Satz des Leidens auf seinen Lippen, einer Melodie des Bittens, und dann sitzt er mir samt Stock und Umhängetasche auf dem Schoß. Ich bin endlich wach, und die allererste Klasse hat erfolgreich angekoppelt!

Erneute Einfahrt in den Bahnhof ohne Stellwerk. Weiter laufen die Bilder vor meinen Augen vorbei: Ein kräftiges Huhn schaut mich gerade an, kopflos, ohne Augen, leicht schwingend auf dem Blech der Marktwaage. Daneben schlafen Fische leeren Blickes in der Auslage.

Die meisten Menschen hier sind noch Costeños. Doch die Frau mit dem „mote“, gekochtem Mais mit Ziegenfleischwürfeln, ist die erste Vorbotin des Hochlands. Auf Bucays Straßen zwischen Drahtrollen und Schuhputzern erkenne ich noch weitere.

Um 11 Uhr 10 gibt die Diesellok so richtig Gas. Rechts fliegt eine Pferderanch mit Palmengarten am Fenster vorbei. Pflanzeninseln von Bambusriesen stecken die Hügellandschaft ab. Immer dichter wird der Baumbestand. Dazwischen Plantagen mit Bananenblättern, so groß wie Ruderboote. Die Strecke wird spürbar kurvenreicher und steiler. Der Gesang der Räder wandelt sich zu einem schrillen Quietschen in der Schienenführung. Alte Holzbohlen modern am Gleisesrand.

„Finca zu verkaufen. Information hier." Das ist nun eine Kleinanzeige. „Hier" ist am Bahnhofsschuppen von Ventura. Nun quietschen, nein kreischen wir uns hoch in die Anden, queren den lange begleiteten Fluß, laden in Naranjapata noch einmal Mengen von Bananen auf und kistenweise Orangen. Ein zum Bersten gefüllter Schienenbus wartet auf uns und passiert. Die Bremser auf dem Trittbrett lehnen sich weit heraus, geben dem Lokführer Zeichen über Bremsen, Kurven und Weichen. Die steile Felswand entlang greifen Hände durch die Fenster nach den Ranken. Schluchten, Wände und Brücken. Immer wieder quert der Zug den Fluss, der uns den Weg in die Berge bahnt.

Indianer warten am Wegrand sitzend auf ihren Orangenkisten. „Wartet, bald kommt der andere Zug", ruft der Schaffner im Vorbeifahren. Eine Felswand, so steil, daß schon kein Blatt mehr wurzelt. 900 Meter Höhe. Die Bremser konzentrieren sich auf die Räder, daß sie nicht entgleisen. Dann ein Überhang, und endlich weiten sich die Schluchten zu Wiesen und Bergsteppen. Doch statt Ruhe heulen die Hörner. Entgegen kommt uns der silbergraue Triebwagen „2403". Wir begegnen unserem transandinischen Pendant auf seinem Weg zur Küste. Jubelschreie vom Dach!

Die Hörner dröhnen durch die Andenwiesen. Aufgesprungen ist ein Eisverkäufer aus Huigra, dem nächsten Bahnhof unserer Route. Ein grandioses Geschäft, in den Zügen beider Richtungen zu verkaufen. In Huigra schliesslich wird der Waggon zum Speisewagen: kräftige Indianerinnen laufen mit kompletten Tellergerichten durchs Abteil: „Reis mit Linsen und Ei".

13 Uhr 49. Chanchan. 1480 Meter. Und noch einmal über den Fluß. Im Tunnel schrillt es wie in der Geisterbahn, und jetzt vor uns die berühmte Teufelsnase! Wir halten noch einmal in Sibambe – ein letzes Luftholen, zur Rechten die stillgelegte Abzweigung nach Cuenca, über uns die Wand! Diese berühmteste Felsennase des Landes hat Gott geschaffen, doch die sie benetzenden Gleise sind Menschenwerk. Um 14 Uhr 23 fahren wir an unserem eigenen Bremser vorbei, der sich an einer Weichenstange postiert, dann hält der Verbund, die Wagen schieben sich zusammen auf ihre Puffer, und wir fahren rückwärts. Unter uns Sibambe. Wir passieren den Bremser. Und stop.

Wieder vorwärts. Jetzt höre ich unsere Lok wieder, wie sie kämpft und pfeift. Unter uns Sibambe, jetzt nur tiefer, dazwischen allein die Gleise der Rückwärtsfahrt.

Zum ersten Mal sehe ich Eukalyptusbäume am Wegesrand. Es wird spürbar kühler nun auf gut 2000 Metern. Die Vegetation ändert sich komplett. Noch eine Zickzackpassage folgt, doch diesmal mit engen Kurven, bis uns eine verwaiste Stierkampfarena das hübsche Dorf Alausí und sein wundervolles Bergpanorama ankündigt.

Für viele ist hier die Fahrt zu Ende. Die Passage Bucay – Alausí ist für sie der Höhepunkt, eine der steilsten Eisenbahnstrecken der Welt. Doch die Fahrt geht noch weiter nach Riobamba und Quito.

Ich wechsele aufs Dach des Zuges. Die Weiterfahrt läßt mich eintauchen in die Hochlandwelt der Quechua-Indígenas von Chimborazo. Sie bauen mit Lehmziegeln und Naturstein. Strohballen liegen zwischen Weizenfeldern und staubigen Hügeln. Eine Indianerin wäscht sich im Fluß und lacht uns zu. Die Pärchen auf dem Dach kuscheln sich gegen den kalten Fahrtwind auf mittlerweile 3000 Metern aneinander, während wir einsame Erdhäuser mit Strohdächern passieren, Haferfelder und eine Schafherde. Hirten winken. Wir durchreisen eines der Hochplateaus zwischen den Kordilleren. An einem flachen Uferhang entdecke ich die exakten schlangenförmigen Bewässerungssysteme der Inkas.

Ein schilfgesäumter Hochlandsee, hinter dem sich Dinge tun. Weiße Flanken, über denen der Himmel seine Wolkenmaske abnimmt, bis plötzlich vor meinen Augen der 6310 Meter hohe Chimborazo wie zum Greifen nah erscheint, nur für Momente, dann schiebt der Wind den Vorhang wieder zu. Welch ein Juwel unter Südamerikas Vulkanen. Verloschen sein Feuer, unsterblich sein Antlitz.

Halt am Ortseingang von Riobamba. Es laufen unsere Zugbegleiter mit Tüten, Taschen und Bananen in ihr Eisenbahnerhaus, bevor wir um 18 Uhr 13 gemeinsam unter heiserem Horn in den Kopfbahnhof mit Ecuadors schönster Bahnhofshalle einschweben, nach 231 Kilometern und 766 Metern Fahrt, in einer Höhe von 2754 Metern, 6 Zentimetern und 2 Millimetern, wie das Schild in der alten Schalterhalle nicht verschweigt und was ich heute nicht mehr zu bezweifeln wage.

Reisereportage – Mai´s Weltführer 1999

DIE BANANENPREISE RUINIEREN DIE BAUERN ECUADORS

Das WTO-Fiasko: Die unerfüllten Hoffnungen der Dritten Welt

„Der Bananenmarkt ist eine Welt von Haien. Und die Großen auf diesem Früchtemeer beißen jetzt tödlich zu", meint Rony Lazo. Er ist Berater einer Kleinbauern-Kooperative im Zentrum des Weltbananenanbaus. Hier in El Guabo, einem Dorf in der südecuadorianischen Provinz El Oro, arbeitet Lazo für den holländischen Entwicklungsdienst SNV. Seine Klienten sind zur Zeit 66 Kleinproduzenten. Der Bananen-Exportweltmeister Ecuador verschifft von seinen vier Millionen Tonnen Jahresproduktion fast 700.000 Tonnen der gelben Frucht in die Europäische Union.

„Die Aufkäufer gingen letzte Woche runter bis auf 7000 Sucre für eine Kiste Bananen. Damit kann hier kein Mensch überleben. Guck dir den Dollar doch an bei 18.000 Sucre. Keine Ahnung, was Bananen bei euch in Deutschland kosten, aber wenn sich hier bis Anfang des nächsten Jahres nichts tut, dann sind wir am Ende." Hugo Rocafuerte, ein Bananenproduzent mit sechs Hektar Land, sechs Kindern und jeder Menge Enkel, fühlte sich in seiner Landgemeinde Libertad noch nie so niedergeschlagen wie in diesen Tagen. Er verkauft zur Zeit deutlich unter den Selbstkosten, die letzte Rettung vor dem Verfaulen der Früchte.

„1,50 Euro pro Kilo?!" Der 50-Jährige mit der zerrissenen „USA"-Baseballkappe ist sicher, dass „Parasiten am Werk" sind, wenn Europäer im Laden für eine Kistenmenge von genormten 18,14 Kilogramm rund 27 Euro bezahlen, er aber als Produzent nur 45 Cent davon bekommt. „Wir kochen schon weniger. Wenn wir spät frühstücken, sparen wir eine Mahlzeit. Dazwischen gibt es vielleicht eine Kochbanane", erklärt Hugos Frau Guillermina die Errungenschaften der neuen ecuadorianischen Küche.

Schuld an der Misere für mehr als eine Million direkte und indirekte Beschäftigte in Ecuadors Bananenproduktion sei vor allem die Europäische Union mit ihrer „illegalen" Bananenmarktordnung vom 1. Januar 1993. Deshalb verlangt Ecuador seit dem 19. November 2000 nach fast sieben Jahren erbitterten Handelsstreits nun vor der Welthandelsorganisation WTO der EU eine Entschädigung in Höhe von „jährlich 450 Millionen US-Dollar" ab. So hoch sei der Verlust des Landes durch Europas Handelsbeschränkungen. Noch nie hat ein Entwicklungsland eine derartig konkrete Sanktionsklage gegen die EU erhoben.

„Die Länderquoten und Bananenzölle Europas sind ein totaler Bruch internationalen Rechts. Wenn der Schiedsmann der WTO binnen der vorgeschriebenen 60 Tage für uns entscheidet, wollen wir nicht unsererseits mit Importzöllen gegen die EU antworten; da schneiden wir uns ins eigene Fleisch." Carlos Jativa, der Generaldirektor für Internationale Wirtschaftsverhandlungen im Außenministerium, ist durchaus siegesgewiss. „Wir werden den Schaden kompensieren durch Nutzung, Vervielfältigung und Vertrieb von intellektuellem Eigentum Europas, von Autoren, Künstlern, Musik, Industriezeichnungen und mehr. Nach Artikel 22.2 des WTO-Schiedsgerichts sind das zulässige Sanktionen." Jativa krempelt die Ärmel hoch: „Seit der Einsetzung des Schiedsmannes hat die Europäische Kommission das Recht Ecuadors auf eine Kompensation praktisch anerkannt!" Und Freunde sind auch schon in Sicht: „Deutschland war in dieser Frage immer ein Alliierter von Ecuador."

Doch was bedeutet das für die Kleinbauern in El Guabo und Libertad? Erwartet sie nun eine transkontinentale Kulturvöllerei? Fliegen da zur Entschädigung jetzt Raubdrucke von Günter Grass unter die Wellblechdächer der Bananendörfer, abgesegnet von der WTO?

Hugo Rocafuerte kultiviert seit 18 Jahren Bananen auf seiner kleinen Finca. Er und seine Familie haben schon Dürren, Überschwemmungen, El Niño und Pilzinvasionen überlebt. Aber auf den Segen intellektuellen Eigentums aus Europa ist er nicht vorbereitet. Seit Tagen hat er keinen Strom für den Fernseher, die Enkel quälen sich mit den zerfledderten Schulbüchern, und fürs Radio fehlen Batterien. Die einzige Festplatte im Haus ist aus Beton und dient zum Zerteilen der Bananenstauden. Erstmals gibt es Weihnachten keine Geschenke.

Produkte für lokale Märkte sind eine Chance für ecuadorianische Kleinbauern

Von den Europäern weiß Hugo nicht viel. Er weiß eigentlich nur, welche Bananen sie gerne essen: Wie dick sie sein müssen, wie lang, wie krumm, wie grün, wie schwer, wie süß, wie sauer, wie frisch, wie kühl. Wie sie riechen und wie sie liegen müssen und dass der Kartonhersteller mittlerweile das Doppelte von dem bekommt, was Hugos Arbeit zählt.

„Die USA sind doch keine Bananenproduzenten. Und unsere Regierungspolitiker tun sich ausgerechnet mit denen zusammen, mit DelMonte, Chiquita und Dole – alles multinationale Exporteure. Glaubst du etwa, die tun was für uns kleine Produzenten?" Hugo Rocafuerte wird sauer. „Guck sie dir an: José Pons ist Präsident unseres Nationalkongresses und mit seinen „Goldfinger"-Bananen einer der großen Exporteure im Land. Er selbst zahlt weit unter dem gesetzlichen Mindestpreis von 2,20 Dollar pro Kiste."

Das bestätigt schulterzuckend auch der Nationaldirektor für Außenhandel, Fabián Andrade. Hugo Rocafuerte plaudert mit seinen Beschuldigungen also keine Geheimnisse aus: „Der vorige Präsidentschaftskandidat Noboa mit seiner Bonita, einer der größten Exportmarken der Welt, legt ständig neue Bananenanbauflächen an – gegen das Gesetz. Uns aber lässt er jede Staude kontrollieren. Und nun gehen die Konzerne her und wollen unsere Fincas kaufen. Zum Preis von geklauten Hühnern!"

Aber behauptet nicht Dole, in Ecuador die staatlich verordneten Preise an die Erzeuger zu zahlen? Auch die Bauern von Libertad verkaufen Bananen an den Multi. „So ein Quatsch! Die verordneten 35.000 Sucre bekommen Doles eigene Zwischenhändler und Aufkäufer. Mir haben die dann letzte Woche noch 10.000 pro Kiste gezahlt. Wir Kleinen hängen ständig ab vom Frachtplatz auf den Schiffen. Damit erpressen sie uns, seit wir die Machete in die Hand nehmen", mischt sich Hugos Nachbarin ein.

Tatsache ist, dass schon seit 1994 mehr Bananen produziert werden, als zu anständigen Preisen verkauft werden können. Jüngst brachen auch die russischen und asiatischen Absatzmärkte ein und der südosteuropäische schrumpfte. Ecuador, dessen Produktion durch den El Niño vor zwei Jahren gelitten hatte, erholte sich relativ schnell und weitete seine Anbauflächen sogar noch deutlich aus, auf heute rund 150.000 Hektar. Fatal für den Preis, denn auch die Märkte in den USA, in der zahlungskräftigen EU und in Japan sind gesättigt. Jede Banane mehr verstopft den Handelsfluss.

Ecuadors Billigmärkte wie der Mercosur spielen bei Dumpingpreisen von teils nur einen Cent pro Kilo Zweite-Wahl-Bananen keine Rolle. Doch das dicke Ende für Hugo Rocafuerte und seine Kleinbauern-Kollegen kommt erst noch: Anfang 2000 erwarten die mittelamerikanischen Konkurrenten wie Honduras und Costa Rica nach dem schweren Hurricane Mitch erstmals wieder gute Ernten. Ecuadors WTO-Klage gegen die EU hat zeitlich hier ihre Logik – ebenso wie der Einsatz der Latino-Konkurrenz für weiterhin feste Quoten und gegen Ecuadors Forderung nach „totaler Abschaffung von Handelsbeschränkungen".

Das Scheitern der WTO-Konferenz von Seattle sollten die internationalen Eine-Welt-Gruppen nicht zu laut bejubeln. Denn was Kaffeepflanzer, Baumwollpflücker und Teppichknüpfer in aller Welt seit Jahrzehnten durchmachen, erreicht nun eine gewaltige Fruchtbranche, deren meiste Angehörige sich bisher täglich drei Mahlzeiten, den morgendlichen Schulbus und gelegentlich eine Fahrradreparatur leisten konnten.

Den leidtragenden Bauern steht freilich eine hochkarätige Schutzgemeinschaft gegenüber: die Europäische Union, die nicht nur ihre Verbraucher vor den günstigen Dollarbananen schützt, sondern auch die ihr verbundenen Altkolonien vor der freien Marktwirtschaft. Ecuadors Regierung, die sich selbst vor Klagen der ecuadorianischen Bananenpflanzer mit dem Hinweis auf die „Rechtsbrecher" in Brüssel schützt. Die USA, die sich mit Strafzöllen auf vornehmlich französische Produkte gegen die Handelsbeschränkungen durch Europa schützen. Und die Bananenmultis, die sich wie gewohnt vor jeglichen Vorwürfen schützen.

Fragt sich nur, wer die Kleinproduzenten vor diesen Beschützern schützt. Bloß die schon mehrfach als unzulässig befundene EU-Bananenmarktordnung zu kippen, würde ihnen nur wenig helfen. Verbindliche Lohn-, Sozial- und Umweltstandards wären schon besser. Doch dazu scheinen weder die WTO noch die internationalen Bananenhändler, noch die eigene Regierung in Quito fähig oder willens.

Wirtschaftsreportage – DIE ZEIT im Dezember 1999

POLITIK, KULTUR UND WIRTSCHAFT

„WIR WERDEN WIE TIERE BEHANDELT“

In den überfüllten Gefängnissen Ecuadors leiden deutsche Kleindealer mit überlangen Haftstrafen unter katastrophalen Verhältnissen

„Du ißt nichts, schläfst nicht, weil die Kerker voll Scheiße sind. Die Zelle ist einen Meter hoch, ein Loch. Es ist dunkel, kein Licht, gar nichts. Du hörst immer, wenn wieder Neue geschlagen werden, weil die Kerker voll sind; du bist total kaputt.“

Als der 21jährige Bankkaufmann Andreas M. aus Frankfurt in den Karnevalstagen 1991 am Abfertigungsschalter der IBERIA im südamerikanischen Quito steht, verliert er die Nerven und wenig später seine Freiheit. Die ecuadorianischen Beamten von Interpol finden ein Kilo Kokain in Andreas' Koffer und verhaften ihn. „Vielleicht bin ich mir am Flughafen erst klar geworden, was ich da in der Tasche habe. In meinem Leben habe ich noch nie Drogen gesehen.“

Nach fünf Stunden im Kerker holen die Interpolbeamten Andreas, beschimpfen ihn und ohrfeigen ihn und nennen es „Verhör“. Doch Andreas versteht nur Spanisch, ihn versteht niemand. „Dann wurde der Kolumbianer herausgebracht. Den haben sie geschlagen, dem haben sie Gas ins Gesicht gesprüht, den haben sie in so 'ne Art Abwassereimer gesteckt, bis er halt die Aussage macht. Der Kolumbianer wurde solange geschlagen, bis er gesagt hat: ‚Okay, ich bin schuldig, und der Deutsche ist auch schuldig.‘“

Nach einem weiteren Tag im „Loch“ legen die Fahnder ihm drohend ein

Papier in spanischer Sprache vor. Andreas unterschreibt aus Angst vor Schlägen. Dolmetscher, Anwalt oder Rechtsbeistand sind Vokabeln aus einer anderen Welt. „Ich habe auf eine deutsche Vertretung gewartet, auf jemanden vom Konsulat, der mir bei meiner Aussage hilft."

Vergeblich, denn die deutsche Botschaft in Quito erfährt meist erst Wochen später von der Verhaftung deutscher Staatsbürger. Beschwerdeschreiben und Nachfragen der Auslandsvertretung ändern daran bisher nichts. Andreas bekommt die gesetzliche Mindeststrafe für Drogenbesitz: acht Jahre ohne Bewährung.

Einem anderen Deutschen, Stefan B., gelingt es im Sommer '96 erst nach 50 Tagen, über einen Mithäftling zumindest das Schweizer Konsulat um Hilfe anzurufen. Wegen 1,7 Gramm Marihuana sitzt er in der Küstenstadt Esmeraldas ein. Ob Stefan unter die Eigenbedarfsklausel fällt und dadurch mit einer Haftstrafe von unter acht Jahren rechnen darf, bleibt den Justizbeamten überlassen. Doch gerade diese Staatsvertreter in einem der korruptesten Länder Südamerikas haben ein besonderes Interesse an Leuten wie Andreas und Stefan: Ausländer haben Geld, Deutsche ganz besonders!

Jürgen D., 33jähriger Bürokaufmann und langjähriger Angestellter der Stadtwerke in einer deutschen Metropole, sitzt seit 1994 im *penal*, dem größten Männergefängnis von Quito. Er kennt das Gesetz des Geldes von der ersten Stunde an. Die Beamten hatten ihn im *calabozo*, einer zehn Quadratmeter großen Betongrube, in der bis zu 40 Gefangene teilweise wochenlang „zur Beobachtung" gehalten werden, willenlos gemacht, bevor sie Jürgen in den Hof des überfüllten Hauptgefängnisses brachten: „Ich fragte: Und wo ist meine Zelle? – Kauf' dir eine!, meinte der Wächter und haute ab. Du mußt dir hier alles kaufen, auch das Bett, die Matratze, Vitamine, selbst die Erlaubnis, zum Arzt gehen zu dürfen. Alles kostet, alles!" Da die Strafvollzugsbeamten ihm jedoch sämtliche persönlichen Gegenstände gestohlen hatten, war Jürgen binnen kürzester Zeit verschuldet.

Schulden, die die Gefangenen im Knast mit dem obligatorischen Messer, das fast jeder besitzt, eintreiben, lassen sich auch auf dem Schwulenstrich oder in dem blühenden Drogenhandel in den Männertrakten abarbeiten. Jürgen hat das Überlebensglück, daß ihm eine Mitarbeiterin der deutschen Botschaft regelmäßig Geld von seinem Vater bringt. Ein anderer inhaftierter Deutscher bekommt 75 Euro Sozialhilfe. Mehr als diese Botengänge und Kontakte kann die diplomatische Vertretung für ihre derzeit neun eingesperrten Staatsbürger auf dem Äquator nicht leisten, gibt sie zur Auskunft. Die Botschaft weiß durchaus, daß diese Schilderungen der Gefangenen „in ihrem

Kern der Wahrheit" entsprechen dürften. Einen Fonds für humanitäre Unterstützung haben die Deutschen nicht, „nicht einmal die 10 Euro für eine Matratze", klagt Jürgen. „Die Holländer bringen Weihnachten wenigstens einen Geschenkkorb vorbei", denkt er an seinen Zellennachbar.

Wer hilft diesen Menschen eigentlich? Ein Rechtshilfeabkommen und damit die Möglichkeit zur Überführung in die Heimat, so wie es etwa Spanien und Kolumbien mit Ecuador getroffen haben, gibt es mit Deutschland nicht. Im Justizministerium heißt es auf Anfrage des Auswärtigen Amtes dazu, ein derartiges bilaterales Abkommen sei nicht erwünscht. Ecuador möge vielmehr dem entsprechenden multinationalen Vertrag mit der EU beitreten, meinen die Justizbürokraten. Doch das Auslieferungsabkommen, „*Convención Interamericana sobre extradición*", haben bisher lediglich Venezuela und Panama ratifiziert. Dieses Papier ist äußerst geduldig.

Die Deutschen Insassen schmoren unterdessen weiter in den ecuadorianischen Anstalten, in der „Hölle, die du als Ausländer keine sechs Jahre überlebst. Das stehst du nur durch, wenn du ein eisenhartes Arschloch bist. Scheiße …" Jürgen weint auf dem Gefängnishof.

In den „Zentren zur sozialen Rehabilitation", wie die 33 Strafanstalten Ecuadors bezeichnet werden, gibt es de facto keine Rehabilitation. Die nur rund 5.000 Plätze belegen derzeit 10.458 Häftlinge, so die aktuellen Zahlen der zuständigen Behörde. In einigen Zellen, die für 11 Einzelbetten ausgelegt sind, schlafen bis zu 62 Menschen in Kojen von 1,50 mal 1 Meter, die übrigen auf dem Betonboden, eine Tortur im kalten Hochgebirge der Anden. Etwa in dem uralten Provinzgefängnis von Ibarra leben derzeit auf einer für 80 Häftlinge konzipierten Etage 311 Insassen, darunter 61 Frauen und 70 Kinder. Die meisten Gefangenen halten es nur unter Alkohol, Psychopharmaka oder *basuco* aus. *Basuco* („basura de coca") ist die in den Gefängnissen am meisten konsumierte Droge, ein gefährliches und oft unsauberes Abfallprodukt der Kokainherstellung, das die Gefangenen als Pulver rauchen. Die Enge, der Dreck und Gestank werden unter den Drogen erträglicher, die Betäubung stellt ruhig.

„Mein einziger Gedanke war, mich umzubringen oder hier rauszukommen, da ich gemerkt hatte, daß die Menschen hier wie Tiere behandelt werden", erinnert sich Andreas an die ersten Jahre seiner Haft.

Das notdürftige und scheinbar wahllose Zusammenpferchen von Menschen hat nicht nur eklatante Auswirkungen auf Gesundheit, Hygiene und Sozialverhalten der Häftlinge: Hier sitzen Taschendiebe und Kleindealer neben mehrfachen Mördern, hier spielen Kleinkinder zwischen Sexualverbrechern und Psychopathen, während ihre Mütter sich zum Lebensunterhalt in der Zelle prostituieren.

Infektionskrankheiten von Gefangenen wurden statistisch bisher nicht erfaßt. Gemessen an der Frequenz und den Praktiken verschiedener sexueller Verkehrsformen in den Gefängnissen dürfte der Anteil der HIV-Infizierten immens sein. So vermieten Häftlinge an den Besuchstagen ihre Zellen an Prostituierte von der Straße, die dann bis zu 50 Männer ungeschützt über sich lassen. Mehrere Gefangene berichten zudem von Vergewaltigungen und Nötigungen seitens anderer Häftlinge und des Gefängnispersonals.

Eine Besserung der dramatischen Situation ist nicht in Sicht. Die landesweit nur 130 ecuadorianischen Psychologen, Anwälte und Sozialarbeiter der Gefängnisse müssen je 80 Häftlinge betreuen – nach internationalen Normen dürften es maximal 10 sein. Ein Großteil der Betreuer arbeitet ohnehin nur gegen Bezahlung, wenn es in irgendeiner Weise um Haftverbesserungen geht – alles kostet, alles!

Einige selbständige Anwälte in Ecuador nehmen sich der Fälle ausländischer Gefangener sehr gerne an. Sie arbeiten erst nach Zahlung von meist 5.000 US-Dollar und möchten derartige Klienten möglichst nicht so schnell verlieren. Seriöse Anwälte hingegen machen sich an Drogenklienten die Finger nicht schmutzig. Nach dem richterlichen Urteil geht kaum ein Gefangener in die Revision. Es ist zu teuer oder zu gefährlich. Selbst der deutschen Botschaft in Quito ist kein einziges Berufungsverfahren bekannt, das zu einer Strafmaßverringerung führte. Statt dessen erhielten zahlreiche Verurteilte in ihrer Revision deutlich höhere Strafen.

Derzeit sitzen zwei Drittel der über 10.000 Gefangenen ohne richterliches Urteil in den Strafanstalten. Die Untersuchungshaft dauert in der Regel ein bis zwei Jahre. Die seit Jahren stetig wachsende Gefangenenzahl – in den letzten sieben Jahren allein um insgesamt 50 Prozent – erfährt durch die repressive Politik des neuen Regierung Bucaram keine Wende. Es klingt zynisch: Schon wer aus Versehen in eine unbeschilderte Einbahnstraße fährt, muß seit neuestem mit 30 Tagen Haft rechnen. Dadurch wird die Überfüllung absehbar eskalieren, weitere Gewaltpotentiale in den Zellen und Höfen werden sich entzünden.

Zurück zu denen, deren Menschenrechte schon heute in keinster Weise respektiert werden. Gefangene in Ecuador haben keine Lobby. Selbst die Menschenrechtsgruppen sind nicht nur erschüttert, sondern frustriert: ihre Proteste und Anzeigen prallen gegen eine Gummiwand von Ignoranz und Belächeln. Denn die Vollzugsbeamten selbst profitieren vom Drogen- und

Alkoholhandel, kassieren stattliche Schutz- und Passiergelder für Prostituierte, Waffen und andere Dinge des alltäglichen Lebens.

Es fällt auf, daß heute fast die Hälfte aller Inhaftierten in Ecuador wegen Drogenvergehen sitzt, die Europäer und US-Bürger sogar zu fast 100 Prozent. Und gerade für diese Menschen trifft zu, was der Rechtswissenschaftler Nikolaus Raub bereits 1985 resümierte und bis heute gilt: Sie verbüßen Strafen „deren Höhen in einem erschreckenden Mißverhältnis zur geringen Schwere der Tat stehen." Gleichzeitig erhalten „weniger als 50 Prozent der Mörder die Höchststrafe", so Raub nach seinen Untersuchungen in dem Knast von Guayaquil, in dem allein 3000 Menschen einsitzen

Der in Quito seit drei Jahren gefangengehaltene Mike S. aus New York, der angibt, niemals Drogen geschmuggelt und von Interpol selbst die zwei fatalen weißen Päckchen zugesteckt bekommen zu haben, sieht unzweideutig die politische Dimension der Mißverhältnisse: „Der Präsident der Vereinigten Staaten hat dem Drogenhandel schon vor den letzten Wahlen öffentlich den Krieg erklärt und den Ländern Südamerikas, insbesondere Ecuador, gedroht, keine Gelder mehr an sie zu vergeben. Interpol muß die Gelder rechtfertigen, die Ecuador von den USA zur Drogenbekämpfung erhält." Auch wenn der größte Teil der Häftlinge tatsächlich schmuggelte: Die ecuadorianische Interpolabteilung brauche regelmäßige Erfolgsquoten, so der Frührentner Mike S., der vor seiner verhängnisvollen Ecuadorreise 32 Jahre lang als internationaler Finanzexperte an der Wall Street arbeitete.

Ecuador ist Transitland für Kokabase aus Peru und Bolivien, die nach Kolumbien zur Kokainproduktion gebracht wird, um danach – oftmals erneut über Ecuador – auf die internationalen Drogenmärkte verschifft oder geflogen zu werden: USA, Europa, Mexiko. Während der Anbau von Koka und Mohn in Ecuador eine vergleichsweise kleine Rolle spielt und der Konsum sich weitestgehend auf intellektuelle Mittelschichtskreise beschränkt, steht Ecuador in der US-amerikanischen Pflicht, den Handelskorridor scharf zu bewachen. Bei Fehlverhalten droht der Entzug des US-Zertifikates „Gute und gebührende Zusammenarbeit mit den USA im Kampf gegen den Drogenhandel". Im August 1996 hat Kolumbien dieses für die Entwicklungsländer so zweifelhafte Zertifikat verloren, wonach die USA nun per Veto wichtige internationale Milliardenkredite an Kolumbien blockieren. Ein ökonomischer Tiefschlag im Nachbarland.

Unmißverständlich stellt ein staatlicher Kommentar der eigenen Drogengesetzgebung in Ecuador die Quelle des Handelns heraus: ein „moderner Staat" brauche auch ein „modernes Drogenrecht", weswegen man sich auch an der „modernen Gesetzgebung der USA“ orientiere, schrieb der Staatsminister der Provinz El Oro in einer umfassenden Analyse.

Im Frühjahr 1995 hatte Ecuador seine „modernen“ Hausaufgaben wieder einmal „gebührend“ gemacht, als die 22-Jährige Melanie P., Bäckereifachverkäuferin aus Hamburg, den Flughafen von Guayaquil passierte. Nach den bekannten spanischsprachigen Schnellverfahren bei Interpol überreichte man ihr zwei Jahre später ihr ureigenstes Zertifikat: 12 Jahre Haft wegen des Transports von 500 Gramm Kokain.

Der Frauenknast von Guayaquil ist sogar vergleichsweise erträglich. Aber sind zwölf Jahre das auch für eine junge Angestellte, die sich in Hamburg beim Einrichten ihrer ersten eigenen Wohnung finanziell übernommen hatte und der ein unbekannter Mann in einer Diskothek einen so verlockenden Ausweg weismachte? „Einmal im Monat kommt der deutsche Konsul zu mir, aber er bleibt immer nur für fünf Minuten und sagt, er habe keine Zeit.“

Alle genannten Namen von Inhaftierten sind zum Schutz der Betroffenen seitens des Autors geändert.

Interview mit Luis Alberto Luna Tobar, Erzbischof in Cuenca/Ecuador, Menschenrechtler und regelmässiger Besucher von Gefangenen in den ecuadorianischen Gefängnissen

Wie erleben Sie die Zustände in den ecuadorianischen Gefängnissen?
Luna Tobar: Die Lage in den meisten Gefängnissen ist schlichtweg furchtbar. Es gibt Menschenrechte in Ecuador, doch die Gefängnisse sind eine Welt für sich. Die Anstalten treiben die Menschen in die Gewalt oder sogar in den Tod.

Steht Ecuadors Justiz ohnmächtig vor dem Problem Drogenhandel?
Luna Tobar: Vielleicht empört es, aber ich bin dafür, daß die Strafen für Drogendelikte abgeschafft werden. Straffrei sind Drogen kein Geschäft mehr. Sie werden zur Medizin oder zur Sünde. Und das war’s dann.

Wie erklärt sich die repressive und brutale Strafverfolgung von Drogenhandel in Ecuador?
Luna Tobar: Unsere Gesetze zu Betäubungsmitteln und Drogenhandel sind von den Vereinigten Staaten von Nordamerika erzwungene. Wir sind leider

Erzbischof Luna Tobar beim Besuch der Frauenhaftanstalt in Cuenca

von deren ökonomischer Unterstützung abhängig. Unter diesem Druck passen wir unser Recht der absurden Mentalität im US-amerikanischen Strafrecht an.

Ecuadors Antidrogenpolitik ist in dieser Form also von den USA erzwungen?
Luna Tobar: Grundsätzlich haben die USA ihre Innenpolitik in Bezug auf Konsum und Handel mit Drogen zu ändern. Der Konsum von Drogen muß als Krankheitsbild begriffen werden. Aber ich sehe auch die Schuld bei den ecuadorianischen Zöllnern und Grenzpolizisten, die Drogen wissentlich und gegen Gewinnbeteiligung passieren lassen. Um sich von anderen Beamten dann nicht entlarven zu lassen, decken sie regelmäßig auch Vorzeigeverstöße auf.

Sind die verhafteten Drogenkuriere und Dealer dieser Willkür einfach rechtlos und hilflos ausgesetzt?
Luna Tobar: Leider ja. In Ecuador gibt es keine Gerechtigkeit im Umgang mit dem Drogenproblem. Verurteilt werden in aller Regel die Unglücklichsten, die zum Lebensunterhalt Drogen dealen. Die Großhändler und Großkonsumenten hingegen fliehen nach kurzer Zeit oder werden freigesprochen, begünstigt durch die Korruption in der Justiz.

Sozialreportage – Amnesty International und DIE WOCHE 1996

KANDIDAT DER BELEUCHTER

Der populäre Fernsehjournalist Freddy Ehlers bewirbt sich als unabhängiger Kandidat für das Amt des Staatspräsidenten. Ein breites Bündnis aus Gewerkschaftern, Indígenas und Linken unterstützt den aussichtsreichen Überraschungskandidaten.

Auffällig inhaltsarm ist der Wahlkampf im südamerikanischen Ecuador. Bedenklich gering ist lange Zeit das Interesse der Bevölkerung an den 13 Parteien und etlichen Listen für die Parlamente auf allen Ebenen des Landes. Doch dann springt am 5. Februar '96 ein Mann in Bluejeans aus dem Scheinwerferlicht der Fernsehstudios von „Teleamazonas" in den Ring der Kandidaten um die Präsidentschaft und macht alle vorherigen Wahlumfragen zu Makulatur. Die Wahl wird plötzlich spannend.

Der 50jährige Freddy Ehlers aus Quito, Sohn einer ecuadorianisch-nordamerikanischen Lehrerfamilie und Enkel eines Düsseldorfer Kaufmanns, war bis dahin einer der bekanntesten Fernsehjournalisten seines Landes und seit 1990 Produzent, Programmdirektor, Regisseur, Reporter und Moderator des Magazins „La Television" in einer Person. Höchste Einschaltquoten seines wöchentlichen politisch-kulturellen Sonntagabend-Magazins machten ihn bekannt und beliebt bei der Bevölkerung.

Vor allem die Gewerkschaften und der nationale Verband der Indígenas

(CONAIE) beriefen Ehlers zum Spitzenkandidaten ihres „Movimiento Nuevo País – Pachakutik" („Bewegung Neues Land – Neue Zeit"). Sozialdemokraten (ID) und andere Linke unterstützen die Kandidatur des Unabhängigen. Erst im Laufe des März formuliert der „Mann der sauberen Hände" (Wahlslogan) sein Programm: er fordert nicht weniger als eine "ethische, ökologische, ökonomische und Bildungsrevolution" Ecuadors samt Verfassungsreform für eine "multinationale Gesellschaft", Bekämpfung des Neoliberalismus und der "Kloake von Korruption" – Politik in Zeiten der Cholera, die Ecuador heimsucht wie kein anderes lateinamerikanisches Land in den ersten Monaten 1996.

Frustrierte Bürger suchen nach einem Jahr tiefgreifender politischer Korruptionsskandale offenbar Hoffnungsträger, die vor allem eines nicht sind: Politiker. Da kommt vielen Menschen in Ecuador der bildschirmerprobte Verfechter von Kultur, Umwelt und Gerechtigkeit, der sich ideell selbst zwischen Bill Gates und dem Revolutionär Simón Bolívar sieht, gerade recht. Seine Gegner andererseits halten den Nichtpolitiker Ehlers für unfähig zu regieren.

„Die anderen Zeitungen haben schon ihre Kandidaten", rühmt Ehlers-Sprecher Ramiro Galarza die Unabhängigkeit seines Überraschungsaspiranten. Freddy Ehlers hingegen hat schon seine Journalisten: Francisco Borja, bis vor kurzem Herausgeber und Leitartikler der Tageszeitung „Hoy", und Bruder des sozialdemokratischen Expräsidenten Rodrigo Borja, leitet die Wahlkampagne. Auch Ehlers war zeitweise Mitglied der ID. Bisherige Kollegen von „La Television" helfen Ehlers im Wahlkampf, und der ehemalige nationale Pressesekretär und Wirtschaftsjournalist Gonzalo Ortiz ist sein politischer Kampagnensprecher. Seine Vizekandidatin Rossana Vinueza war jahrelang Fernsehmoderatorin, doch sie war auch schon Miss Ecuador, Staatssekretärin im Sozialministerium, Direktorin einer Limonadenfabrik, und ist Mitglied von Opus Dei. Die Parlamentskandidaten seiner Liste 18 sind hingegen größtenteils Gewerkschafter. Ihre Flagge ist das Regenbogenbanner der CONAIE, deren Präsident Luis Macas auf Listenplatz 1 steht. Umfragen Ende März sehen Freddy Ehlers mit 21 Prozent auf Platz zwei und damit aussichtsreich im Kampf um den Einzug in den Präsidentenpalast.

Was aber, wenn der Mann, der nach 30 Jahren Journalismus nun anstrebt, sein Land von unten und ohne Krawatte zu regieren, letztendlich doch verliert? – „Spüre ich, daß die Menschen meine Rückkehr zum Journalismus nicht wollen, werde ich Tischler." So Freddy Ehlers in „Hoy". Können Journalisten hobeln?

Interview während der Fahrt zu einer Wahlkampfveranstaltung, Quito 16.3.1996.

Warum wurde der Journalist Freddy Ehlers jüngst zum Politiker?
Freddy Ehlers: Ich habe es immer vorgezogen, Journalist zu bleiben, weil ich meinte, als Journalist für mein Land mehr tun zu können als ein Politiker. Doch in einer speziellen Situation, als wichtige Gruppen des Landes mit keinem der Kandidaten der bestehenden Parteien zufrieden waren, forderten mich die sozialen Organisationen wie die Gewerkschaften, das Volk der Indígenas Ecuadors und andere Gruppierungen dazu auf. Ich kann nicht zulassen, daß meine Kinder in einem Land leben, in dem das Recht, ehrlich zu sein, kein Bürgerrecht mehr ist. Das ist der entscheidende Grund, warum ich akzeptiere, Kandidat zu sein und vom Journalismus in die Politik zu wechseln.

Verlieren Sie mit dem Wechsel in die Politik nicht Ihre Freiheiten, die Sie als Fernsehjournalist hatten?
Freddy Ehlers: Bis jetzt nicht. Auch als Journalist habe ich mir das nie erlaubt. Niemals, in keiner meiner etwa 2000 Reportagen, hat mir jemand vorgehalten, etwas Verantwortungsloses getan zu haben, die Ehre von Personen verletzt zu haben. Dabei haben wir sehr harte Sachen produziert. Der Fernsehsender hat mir niemals gesagt, was ich zu tun habe oder was ich nicht äußern darf. Dadurch konnte ich Unabhängigkeit entwickeln. Meine Kandidatur ist etwas ganz Besonderes, vielleicht einzigartig in der jüngsten politischen Geschichte.

Die unabhängige Liste 18, die Sie anführen, hat durch Ihre Kandidatur nach eigener Einschätzung ihr Stimmenpotential verdoppelt. Hat Fernsehen in Ecuador soviel politischen Einfluß?
Freddy Ehlers: Klar. Ich glaube nicht nur in Ecuador, sondern in allen Ländern der Welt. Ich halte die Reflexion von McLuhan für sehr bedeutend: ist Fernsehen Massage oder ist es Message? Fernsehen hat eine eigene Ideologie, und Fernsehen kann beeinflussen. Nixon gewann seine zweite Präsidentschaft durch das Fernsehen. Er war ein großer Redner. Und später stürzte ihn das Fernsehen. Doch ich glaube, gerade jetzt ändern sich die Dinge. Bis jetzt erhöhte sich mit jedem Werbespot der Stimmenanteil der Kandidaten, jetzt mit meinem Auftreten verlieren sie jedesmal, wenn ein Kandidat einen Spot produziert.

Sie kandidieren ganz ohne Inanspruchnahme der Medien?
Freddy Ehlers: Ich habe nicht einen Centavo in meiner Kampagne. Ich habe nicht einen einzigen Fernsehwerbespot. Aber ich fühle, daß ich die starke Unterstützung der Mehrheit der ecuadorianischen Journalisten habe. Doch meine größte Unterstützung sehe ich an der Basis. Ich denke, ich bin der Kandidat der Kameraleute und Beleuchter.

Bliebe ein Präsident Freddy Ehlers auch weiterhin Journalist?
Freddy Ehlers: Ich werde ein journalistischer Präsident sein. Ich möchte ein Fernsehprogramm haben, das „Das Programm des Präsidenten" heißt, um wöchentlich mit meinem Volk zu kommunizieren, um ihm zu erzählen, was gerade passiert. Ich glaube, das ist die Pflicht eines Präsidenten. Ich möchte darin auch vorbildliche Menschen aus meinem Land präsentieren. Es wird kein politisches Programm sein. Nie werde ich andere Politiker in diesem Programm attackieren. Es wird ein Bürgerprogramm des Präsidenten sein.

Macht Sie dieses journalistische Politikverständnis zu der Alternative für die Wähler?
Freddy Ehlers: Der wesentliche Unterschied ist: Ich bin der einzige Kandidat des digitalen Zeitalters. Alle anderen bleiben im analogen Zeitalter, sind Kandidaten der Vergangenheit.

Bericht und Interview für „M – Menschen machen Medien" im Mai 1996

DIE DREI PRÄSIDENTEN IM KARNEVAL VON 1997

Mit der Absetzung des Staatspräsidenten Abdalá Bucaram stürzt Ecuador von einer faustdicken Verfassungskrise zeitweise ins politische Chaos.

An Weiberfastnacht 1997 ging es dem Staatspräsidenten Abdalá Bucaram an Schlips und Kragen. Um genau 22 Uhr und 4 Minuten an jenem 6. Februar war die Zeit des „Verrückten" abgelaufen. Der Nationalkongress warf ihn mit 44 Stimmen wegen „geistiger Unzulänglichkeit" nach Artikel 100 der Verfassung aus dem Amt. Schluss mit lustig nach nicht einmal einem halben Jahr Regierungsgeschäft.

Vorausgegangen war eine der größten Demonstrationen in der jüngeren Geschichte Lateinamerikas: Über zwei Millionen Menschen legten das Land friedlich, aber unmissverständlich lahm. „Que se vaya!" und „Fuera Bucaram!" aus Millionen Kehlen – „Er soll abhauen!" und „Weg mit Bucarám!" beherrschten die Straßen und Plätze im ganzen Land. 50.000 Repräsentanten aus Politik und Gesellschaft, Gewerkschafter, Indígenaführer, Parteien, Studenten, Menschenrechtler, Frauenorganisationen und viele andere mehr riefen zu Generalstreik und Demonstrationen gegen die Wirtschaftspolitik und Vetternwirtschaft einer der korruptesten Regierungen in 18 Jahren Demokratie auf, gegen einen Mann, der „sein Volk betrogen und bestohlen" hatte, heißt es in dem Aufruf.

Der Kongress jenseits der regierenden PRE und einzelner Bucarám-Freunde nahm den gelungenen Massenprotest planmäßig und mit Freuden auf, setzte den 45-Jährigen Anwalt ab und seinen bisherigen Parlamentspräsidenten Fabián Alarcón als „einstweiligen Staatspräsidenten" ein. „Gott allein weiß, dass ich diese Lösung nicht gesucht habe", beschwört der frischgebackene Präsident die Nation schon wenige Minuten nach seiner prompten Vereidigung. Aber nun wolle er diese Entscheidung des Kongresses zur Not auch mit seinem Leben verteidigen.

Doch diese Rechnung machte Alarcón ohne den wütenden Wirt im Präsidentenpalast. Der abgesetzte Bucarám erklärte die ganze Prozedur für ungültig, allein sich für den rechtmäßigen Präsidenten und warf dem Kongress eine konspirative Verschwörung vor. Und zwischen der Wut des Populisten und dem Willen Gottes ließ die löchrige Verfassung Ecuadors an diesem Faschingsabend noch eine weitere Bütt passieren: Die Vizepräsidentin der Republik, Rosalía Arteaga, erklärt sich zur einzig legitimen Nachfolgerin des Geschassten. Pik Dame sticht, und Gott hatte sich wohl geirrt.

Da hatte Ecuador auf einmal drei Staatspräsidenten. Das Chaos hätte nicht besser inszeniert sein können. Und nun blickte alle Welt auf den großen Schiedsrichter in Uniform und Sporen: Doch auch Militärchef Paco Moncayo wusste vor versammelter Presse um 4 Uhr früh noch einmal zu überraschen, indem er seinen Apparat für neutral erklärte. Die zivilen Organe mögen's richten.

So warfen sich dann drei Präsidenten innigst in die Regierungsgeschäfte. Aktionismus im Machtvakuum einer angeschlagenen Demokratie.

Am Nachmittag des 7. Februar begleiteten 20.000 Demonstranten und Repräsentanten aus der Politik Präsident Alarcón zur Einnahme seines Amtssitzes in der Altstadt von Quito, wo Präsident Bucarám jedoch von 5000 Soldaten und Polizisten im Palast vehement verteidigt wurde. Sie schossen mit Gasgranaten in die Menge um Alarcón, wodurch es unter anderem einen Toten und zahlreiche Verletzte gab. Präsidentin Arteaga bastelte in der angrenzenden Vicepresidencia inzwischen an ihrer Kabinettsliste. Abends um acht flog Bucarám nach Guayaquil zu einem „Karnevalsbesuch bei seiner Familie".

Der Karnevalssamstag brachte nun das vorläufige Ende der Krise: Alarcón, Arteaga, die Parteichefs der Parlamentsmehrheit und die Militärführung fanden unter dem Druck von Öffentlichkeit und Presse einen Kompromiss: Bucaráms Suspension war demnach rechtsgültig, die Einsetzung von Alarcón wird beendet und Arteagas Selbsternennung als verfassungswidrig widerrufen. Kurz danach setzt der Kongress seinerseits Rosalía Arteaga als neue Staatspräsidentin ein, bis dass der Kongress das Verfassungsloch – das er selbst nämlich gar keine Staatspräsidenten einsetzten darf – stopfe.

Während Bucarám von Guayaquil aus mit seinen altbekannten und lautstarken Ausbrüchen protestierte, bastelte die Präsidentin an einer durchaus längeren Amtsperiode. Doch am Rosenmontag, den 11. Februar 1997, nach getanem Verfassungsflickwerk, wählte der Kongress um 21 Uhr 47 Fabián Alarcón von der Frente Revolutionaria Alfarista (FRA) zum siebten verfassungsmäßigen Präsidenten der Republik Ecuador seit der Demokratisierung von 1979. Er wurde zum Interimspräsident bis zum 10. August 1998.

Am Dienstag, den 12. Februar, floh Bucarám mit mehr als ein paar politischen Veilchen und offensichtlich einigen Millionen Dollars in den Taschen nach Panama, wo er politisches Asyl erhielt. Am Aschermittwoch war dann alles vorbei.

Feature – dpa 1997

„UNSERE HURE, DIE FREIHEIT“

Heiner Müllers Stück „Der Auftrag“ wird in Ecuadors Hauptstadt Quito gespielt.

Der Laufsteg, der die Sitzreihen durchschneidet, wird zur weiß leuchtenden Rampe der Provokation, wenn der „Mann im Fahrstuhl“ 17 Minuten lang in unverschämter Regungslosigkeit den genialen Müller-Monolog spanisch rezitiert, die Passage, in der der Bürokrat im Aufzug vergisst, wohin. Was ist sein Auftrag?

Erst wenn er sich zum Ende hin halb entkleidet, seine indianische Mähne über den Rücken fällt und er auf das Bühnengemälde zuschreitet, in dem Goyas „Saturn frisst seinen Sohn“ eine aktuelle Deutung findet, erst dann atmet das südamerikanische Publikum durch und reibt sich die Nackenmuskeln.

Den Auftrag über Momente einer misslungenen Revolution in Jamaika schrieb Heiner Müller im Jahr 1979, zu einer Zeit, als die ecuadorianische Demokratie ihre Geburtsstunde erlebte. 1995 provoziert das Theaterstück erstmals die Zuschauer in der Hauptstadt Quito – und gleich derart, dass dem in der Regel an Zerstreuungen gewohnten Publikum der Spaß vergeht.

Elend und Rassismus, auf den Straßen der Stadt permanent gegenwärtig, lassen Müllers Auftrag zu einer besonderen Herausforderung werden. Gegen die vom Straßentheater her bekannten und die bei komödiantischen Spielweisen gängigen Sehgewohnheiten arbeitet eine unspektakuläre, sachliche und risikoarme Inszenierung des Müller-Schülers Armin Dillenberger an, der nach der Station Quito jetzt zum Berliner Ensemble stößt. In seiner Quito-Inszenierung wirken die Akteure phasenweise lehrstückhaft geführt;

das Stück wird in dem Theaterentwicklungsland Ecuador zu einem Schaukasten einer europäischen Bühnensprache.

Stücke Müllers wurden schon in Mexiko, Brasilien, Chile und anderen lateinamerikanischen Ländern inszeniert. Doch das theaterarme Ecuador, das sich stiefkindhaft im Schatten kolumbianischer Schauspielkunst bewegt, hat so etwas noch nicht gesehen. 1991 befasste sich hier gerade einmal eine Tanztheaterproduktion mit Texten der Hamletmaschine und stürzte vor dem Publikum gnadenlos ab.

Ist nun „Der Auftrag“ für Ecuador das geeignete Stück im richtigen Moment? Wenn sich ein großer Teil der Theaterszene des Landes in die überfüllte Premiere drängt und sich anschließend überrascht und aufgewühlt lange Diskussionsgefechte liefert, dürfte ein großer Teil des kulturellen Auftrags erfüllt sein.

La Misión, so der spanische Titel, wird gezeigt in einer Zeit, in der Ecuador von schweren Krisen geschüttelt wird. Korruption erschüttert die Regierung, worüber mehrere Minister stürzen. Der Vizepräsident des Landes gibt seinen Auftrag in diesen Tagen zurück, flieht und bittet in Mittelamerika um politisches Asyl. Der Hungerstreik der ecuadorianischen Ölarbeiter und tägliche Stromrationierungen produzieren weitere Unruhe im Land, den Hauch eines revolutionären Klimas.

Erlebt man hingegen die allgemeine gesellschaftliche Zerrissenheit der Republik und den permanenten Kampf um Rechte vor allem der indigenen Bevölkerung Ecuadors, gewinnt „La Misión“ eine besondere Aktualität und erzeugt mehr Nachdenklichkeit als vielleicht im Berlin oder Hamburg dieser Tage. „Unsere Hure, die Freiheit“ schmerzt in Quito, da sie so teuer bezahlt wird. Der Schrei nach dem „Bad der Wahrheit“ schallt aus den Räumen des Theaters hinaus. Nicht zuletzt offenbart sich in der Inszenierung jäh die tägliche Schizophrenie der Ecuadorianer, ihre Existenz zwischen erzkatholischer Treue und maßlos hingenommener Prostitution.

Es ist kaum die abstrakt bleibende Geschichtsphilosophie Müllers, die das Publikum, trotz der Erinnerung an die Conquista im 16. Jahrhundert durch die Spanier, beeindruckt. Auch das gelegentlich die Szene dominierende Bühnenbild des ecuadorianischen Bühnenbildners Marcelo Aguirre, 1983/84 noch Stipendiant an der Hochschule der Künste in Berlin, weckt wenig historische Assoziationen. Eines seiner Bilder zeigt zwar in meterhohen Profilen die ecuadorinischen Revolutionäre des 19. Jahrhunderts (sofern das Land wirklich je welche hatte), Eloy Alfaro und Eugenio Espejo. Doch sie erscheinen isoliert, mahnen im Hintergrund. Im Vordergrund auf

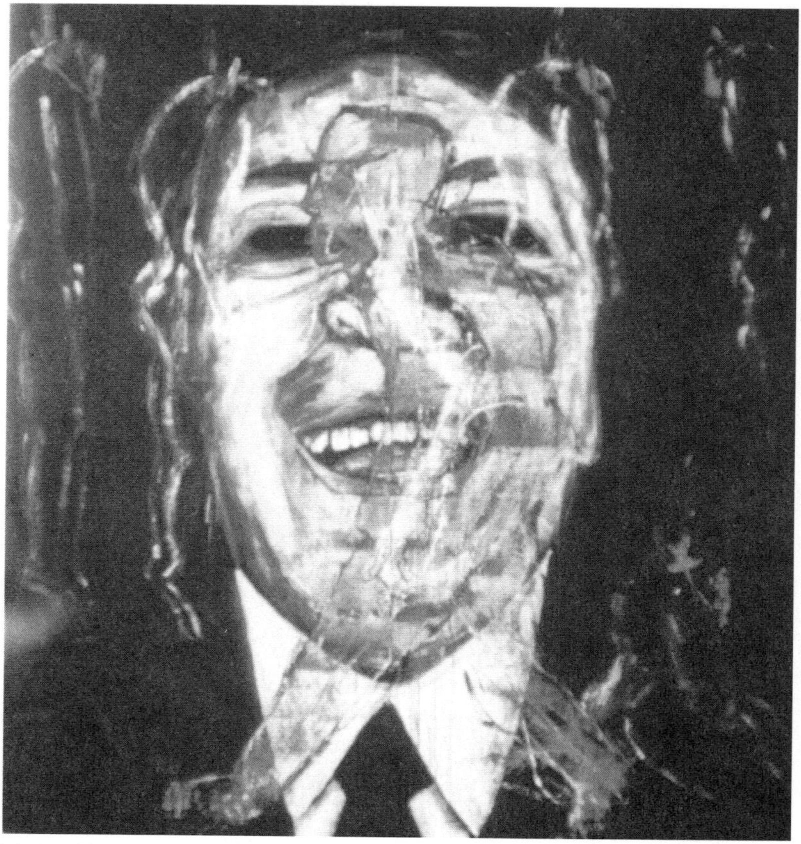

Unsere Hure, die Freiheit: Bühnengemälde des Künstlers Marcelo Aguirre aus seinem preisgekrönten Zyklus „Transeunte" zu Heiner Müllers „La Misión"-Aufführung in Quito

der Bühne, so in einer anderen Szene, bespuckt der Indianer den Schwarzen und küsst dem Weißen untergeben die Schuhe, während ein mestizischer Lastenträger dem Europäer die Koffer schleppt. Hierin spiegeln sich Elemente ecuadorianischen Alltags mit verblüffender Authentizität.

Warum gibt es sowenig Müller-Inszenierungen in Ecuador, wenn sie auch hier soviel Wirkung erzielen können? „La Misión" in Quito auf die Bretter zu stellen, war zweifelsohne ein Kraftakt, vor allem für den Regisseur. Besser dotierte Arrangements, teils im Ausland, ließen den Berliner Dillenberger („Ich bin mit der Bereitschaft gekommen zu scheitern") plötzlich im Regen stehen. Das Konzept, die Inszenierung fast ausschließlich mit Ecuadorianern anzugehen und sie mit einem Theaterseminar zu flankieren, macht deutlich, dass „Der Auftrag“ keineswegs nur als ein theatralisches Muskelspiel „made in Germany“ gemeint ist, sondern zumindest als deutsch-ecuadorianischer Kulturtransfer mit Impulswirkung für Ecuador. In diesem Sinne stand auch das deutsche Goethe-Institut für den größten Teil der Finanzierung gerade.

Allgemein spüren die Kulturszenen allerdings einen Rückzug des Engagements des Münchner Instituts in Lateinamerika. „La Misión“ ist 1995 die einzige vom Goethe-Institut finanzierte Theaterinszenierung auf dem Subkontinent. Diese internationale Sonderstellung scheint dem Stück entsprechende nationale Bedeutung zu geben. In Ecuador kennt es fast jeder, nicht nur die 1000 Zuschauer während der fünf Wochen dauernden Spielzeit.

Der Medienrummel war enorm. Kaum ein Fernsehkanal ließ sich die Generalprobe entgehen, um den „Auftrag“ mit Bildern anzukündigen. Der „Kultur“-Kanal 8 sandte im Entgelt gegen eine Sponsorenaufführung gar täglich achtmal den 30sekündigen Spot über das Stück, fünf Wochen lang. Die Pressemappe bei der veranstaltenden „Humboldt-Stiftung“ in Quito quillt über.

Über Dillenberger wurde noch vor Monaten herzlich gelacht, als er im Humboldt-Haus in Detlev Bucks Filmkomödie „Wir können auch anders“ als dumm-blöder Polizist über die Leinwand lief. Im Herbst des Jahres staunt man über ihn und seine Mitstreiter wegen seiner Bemühungen um ein Theater gegen die Gewohnheit. Auftrag erfüllt.

Feuilleton-Besprechung – Frankfurter Rundschau 25.11.1995

ECUADOR NACH DEM PUTSCH

Die Armen Ecuadors fordern einen totalen Umbruch

„Ich bin nicht der Putschist! Einige große Bankiers und Unternehmer berauben das Volk. Sie putschen Ecuador jede Minute“, beteuert der Präsident des Indianerdachverbandes Conaie, Antonio Vargas. „Auch die Dollarisierung ist verfassungswidrig.“ Zehn Tage, nachdem die Indianerverbände gemeinsam mit anderen sozialen Gruppen ihr „Volksparlament“ ausgerufen hatten, brachten sie am 21. Januar das Land unter ihre Kontrolle: Etwa 5000 Demonstranten nahmen den Nationalkongress ein, den Obersten Gerichtshof und den Präsidentenpalast. Friedlich – aber nur für wenige Stunden.

Zur Seite gestanden hatten den Aufständischen etwa 300 Soldaten von der Kriegsakademie und der Militärhochschule sowie einige Offiziere aus dem zweiten Glied. Das Volk habe sich nach dem ersten Unabhängigkeitsschrei von 1810 nun erneut erhoben, „um die Ketten zu sprengen, die uns an die grausamste Korruption fesseln“, so Oberst Gutiérrez, der neue Feldherr in der Schlacht gegen die Privatisierung. Kurz vor Mitternacht dann setzte Armeechef General Carlos Mendoza den Präsidenten Jamil Mahuad ab und sich selbst als Kopf eines neuen Regierungsrates ein. Doch am Morgen des 22. Januar war der Rat schon wieder aufgelöst und Ecuadors Vizepräsident Gustavo Noboa zum fünften Staatspräsidenten Ecuadors binnen drei Jahren befördert. Gutiérrez wurde verhaftet, Vargas fühlte sich „von den Generälen verraten“.

Tatsächlich hat das Land seit fünf Jahren einen für Lateinamerika einzigartigen wirtschaftlichen Niedergang durchlebt. Der gewann im Laufe des vergangenen Jahres derart dramatisch an Fahrt, dass die von Armut und

Ex-Staatspräsident Gustavo Noboa (r.) mit seinem kolumbianischen Amtskollegen Andrés Pastrana auf einer internationalen Konferenz in Cartagena

Hunger getriebenen Indianer und Kleinbauern einen radikalen Umbruch des Systems fordern.

Ecuadors Absturz begann 1995 mit dem Regenwaldkrieg gegen Peru. An dessen Ende blieben einige Dutzend Heldenleichen, kritische Fragen an die Zivilgesellschaft und schmerzende Löcher in der Staatskasse. Ein öffentlich tanzender, singender, brüllender und drohender Politiker mit Hitler-Schnauzbart gewann die Wahlen im Sommer 1996. Der populistische Anwalt Abdalá Bucaram spielte den Rächer der Armen und wurde dennoch von über zwei Millionen wütenden Demonstranten und schließlich vom Kongress wegen „geistiger Unzulänglichkeit" gefeuert.

Sein Nachfolger Fabián Alarcón fand sich wenige Monate nach seiner Amtszeit wegen schwerer Korruptionsvorwürfe im Gefängnis wieder – zwei Jahre waren verspielt. Zur gleichen Zeit verwüsteten schwere Überschwemmungen durch El Niño weite Teile der Küste und damit das Herz der landwirtschaftlichen Produktion. Der Bananenexportweltmeister Ecuador erlitt Schäden in Milliardenhöhe. Zudem verschärfte sich der jahrzehntealte Regionalkonflikt zwischen Küste und Hochland im Streit um Hilfeleistungen. Schließlich traf der Verfall des Ölpreises 1998 den Andenstaat. Der Preis des Hauptexportprodukts, Garant des Aufstiegs Ecuadors seit den siebziger Jahren, fiel unter sieben US-Dollar pro Barrel – und war billiger als Mineralwasser. Erstmals in der Geschichte wies Ecuador ein gewaltiges Handelsdefizit aus. In der Folge warf Ecuador die Gelddruckmaschine an und musste mangels Devisenrücklagen im Februar 1999 die Wechselkurse freigeben. Der Dollar schoss bis zum 5. Januar 2000 um rund 250 Prozent in die Höhe.

Dem Washington-treuen Christdemokraten Jamil Mahuad fehlten Konzepte und Mehrheiten zur Sanierung des Bankensektors und des Staatshaushalts. Gegen die Korruption auf fast allen Ebenen erwies er sich als machtlos. In seiner Not zerschliss sich der Präsident an der Einführung von Steuern. Sein kapitalster Fehler aber war, die privaten Sparguthaben einzufrieren. Die Sparer fühlen sich bis heute bestohlen.

Erstmals zahlte Ecuador auch die Zinsen seiner Auslandsschulden nicht. Die Besitzer von ecuadorianischen Brady- und Eurobonds im Wert von sechs Milliarden Dollar standen kurz vor dem Totalverlust – Kreditgeber wie der Internationale Währungsfonds (IWF) und Investoren zogen sich zurück. Mahuads Popularität war bereits auf landesweit sieben Prozent gefallen, als er die Fernsehnation am 9. Januar 2000 überraschte: Statt seinen Rücktritt bot er dem Land die „Dollarisierung" an. Der Greenback wurde auf 25.000 Sucre festgesetzt.

Binnen einiger Monate – so wollen es nun auch Noboa und sein neues Kabinett – soll der US-Dollar wie in Panama und auf den Virgin Islands (USA) zur Landeswährung werden, zumindest aber eine Parität zu einer neuen Landeswährung à la Argentinien erhalten. Ob das machbar ist, bezweifeln Analysten. Ein Allheilmittel für die Wirtschaft ist die Dollarisierung ohnehin nicht. Missrät sie schließlich, bleibt das Land gefangen im Kreislauf zwischen geringem Wachstum und hoher Inflation.

Den Präsidenten hat die Dollarisierung nicht retten können. „Die Generäle haben dabei eine totale Diktatur gewollt", erinnert sich der Indianerführer Vargas. „Mit der Spaltung der Militärs zwischen den Generälen und den unteren Offizieren standen wir am 21. Januar am Rande eines Massakers im Palast."

Aber auch internationaler Druck, vor allem die aus Washington angedrohte völlige Isolierung Ecuadors „wie im Falle Kuba", ließ das Vorhaben der putschenden Militärs offensichtlich scheitern. Ecuador spielt für die USA eine zunehmend größere geopolitische Rolle in der Bekämpfung der kolumbianischen Drogenindustrie, seit die GIs sich vom Panamakanal zurückziehen und Venezuela mit Hugo Chávez einen so unbequemen Präsidenten hat.

Dies ist die vielleicht wichtigste Trumpfkarte der Modernisierer auf dem neoliberalen Pfad. Wollen sie weiteren Unruhen vorbeugen, müssen der IWF und die USA dem kleinen Andenstaat massiv helfen. Die Indianer, immerhin 40 Prozent der Bevölkerung, bereiten schon die nächsten Proteste vor. „Ich bin sogar bereit, in diesem Kampf zu sterben", beteuert Vargas. Und die streikerprobten Kraftfahrer drohen mit einer Totalblockade des Landes, wenn Anfang Juli die Benzinpreise verdoppelt werden.

Wirtschaftsreportage – DIE ZEIT im Februar 2002

AN DEN DOLLAR VERKAUFT

Die USA machen das verarmte Ecuador zu ihrem Vasallen – der Massenexodus geht weiter / Der Greenback ist der Bevölkerung aufgezwungen worden. Testfall für eine panamerikanische Währungsunion?

Es stinkt nach Fisch, Schweiß und Urin. Die 190 Passagiere im Bauch des ecuadorianischen Fischkutters Elizabeth I, eines Bootes von gerade einmal 20 Metern Länge, scharen sich um die einzige Latrine an Bord. Die 44 Frauen und 146 Männer befinden sich auf einer Odyssee in die Vereinigten Staaten von Amerika. In den frühen Morgenstunden des 19. Juni hatten sie sich in der Nähe des nordecuadorianischen Fischerdorfs Galera mit Kanus zu dem auf See wartenden Kutter bringen lassen – verzweifelte Menschen auf der Suche nach einem würdigen Leben. Die Elizabeth I sollte sie bis Guatemala bringen, dann wollten sie auf dem Landweg ins gelobte Land ziehen.

Seit Anfang dieses Jahres verlassen monatlich etwa 20.000 Ecuadorianer ihr Land. Und das sind nur die von den Behörden registrierten Auswanderer der rund 12 Millionen Einwohner zählenden Republik. Sie wollen in die USA und nach Europa. Wie der Ausverkauf der letzten Bastion von nationaler Ehre mochte es den bleibenden Ecuadorianern da vorgekommen sein, als Staatspräsident Jamil Mahuad im Januar per Dekret verfügte, die heimische Währung, den Sucre, abzuschaffen. Die neue Landeswährung ist der US-Dollar.

Erdrückende Armut: Indianer in der Provinz Chimborazo

Zwar wurde Mahuad nur wenige Tage nach der Ankündigung von wütenden Indianern und Militärs als „Verräter“ aus dem Amt geputscht, doch sein Nachfolger Gustavo Noboa ändert nichts an dieser Politik der währungspolitischen Selbstaufgabe.

Nach anfänglicher Skepsis der US-Notenbank und des Internationalen Währungsfonds (IWF) ist es seit April amtlich: Ecuador führt als fünftes unabhängiges Land der Welt den US-Dollar ein. Panama war diesen Schritt bereits 1904 gegangen, gefolgt von den Marshallinseln, Mikronesien und schließlich 1944 Palau.

Doch das neue Geld ist bei der Mehrheit der Bevölkerung unbeliebt, und es verwirrt. Ob „one dime“ oder andere Scheine und Münzen – die meisten Ecuadorianer können sie nicht einmal lesen, geschweige echte Noten von den Fälschungen aus Kolumbien unterscheiden. Die Umrechnungsformeln, wonach der quarter zu 25 Cent genau 6250 Sucre entspricht oder die 15 Dollar für die Tankfüllung auch mit 375 000 Sucre beglichen werden können, dürften da nur ein vorübergehendes Phänomen sein.

Der Dollar ist auch als finanzpolitisches Instrument umstritten. Der ecuadorianische Ökonom Alberto Acosta etwa geißelt die „Dollarisierungsfalle“ als „Schlusskapitel der neoliberalen Anpassung“ und zudem als „verfassungswidrig und antidemokratisch". Acosta: „Die Eliten des Landes fordern den Dollar, um ihre gescheiterte Wirtschaftspolitik, an der sie sich bisher reich gestoßen haben, nun im neuen Gewand weiterzuführen." Europakenner Acosta, der in Deutschland studiert hat, sieht einen weiteren Grund für die Abschaffung des Sucre. Für ihn ist „die Währungsunion mit Ecuador heute auch ein Feldversuch der USA. Sie ist ein strategisches Versuchsprojekt in Richtung Wirtschaftsunion Amerika. Die Dollarisierung Ecuadors ist eine von Washingtons Antworten auf den Euro."

Die gegenwärtige Jahrhundert-Rezession hat Millionen von Ecuadorianern in Existenznot gebracht und eine Auswanderungswelle ausgelöst. Dabei ist der Exodus kein neues Phänomen: Schon heute lebt jeder fünfte Ecuadorianer im Ausland. New York wurde mit geschätzten 600 000 Zuwanderern die nach Einwohnern „drittgrößte Stadt Ecuadors". Im Süden des Berglandes, dem Austro, gibt es schon lange Dörfer ohne Männer – die verlassenen Frauen beten und hoffen auf Geldsendungen von ihren Männern und Söhnen. Die Auslandseinkünfte waren im vergangenen Jahr nach Schätzung der Zentralbank mit über einer Milliarde Dollar zweitgrößter Devisenbringer nach dem Erdölexport und noch vor den Bananen. Inzwischen emigrieren auch die Frauen – zurück bleiben Greise und ein paar Kinder.

Nicht immer klappt die Flucht über das Meer. Die 190 Menschen auf dem Fischkutter Elizabeth I wurden bereits nach vier Tagen und 380 Seemeilen von einem Aufklärungsflugzeug der US Air Force auf dem Pazifik entdeckt. Das Kriegsschiff USS Halyburton brachte die verängstigten Auswanderer zurück in den ecuadorianischen Hafen von Esmeraldas.

So glimpflich geht's nicht immer ab. Allein in den ersten vier Monaten dieses Jahres wurden 38 Flüchtlingstote registriert. Viele starben so elendig wie Manuel Sotomayor und Ricardo Uguña vor der kroatischen Küste am Ende einer dreiwöchigen Fahrt im Bauch eines Kühlschiffes. Bei permanenten zwölf Grad Celsius haben sie sich nur von gekühlten Bananen und dem eigenen Urin ernähren können, wie ein Überlebender berichtete. Die in Ecuador *coyoteros* genannten Menschenschlepper geben den Auswanderern keine Landungsgarantie für die teuer bezahlte Seereise. Andere Flüchtlinge, die es auf dem Landweg versuchen, verdursten in der Wüste Mexikos, auf dem Weg zum Zaun, der Grenze zu den Vereinigten Staaten.

Seit dem Dollarisierungsbeschluss vom Jahresbeginn hat sich die legale Emigration verdoppelt. Monatlich erreichen mittlerweile 15.000 Spanien, so schätzt das Zivilkomitee der in Spanien wohnhaften Ecuadorianer (CCE-RE). Wer keinen Flug mehr in die spanische Hauptstadt ergattert, fliegt über

Paris oder Amsterdam. Die Caritas-Organisation in der grenznahen Diözese Barcelona ist dann häufig die erste Anlaufstelle.

Die Eintrittskarte in die Europäische Union ist *la bolsa* – eine von gewieften Reiseagenturen, Menschenschleppern, Anwälten und Grundstückspfändern für gutes Geld sorgfältig und ganz legal gepackte „Tasche", um in der Alten Welt zu landen. Sie enthält einen Wegweiser zur Reisepassstelle, das Flugticket nach Europa, 2000 Dollar in bar, die den EU-Grenzbeamten die Urlaubskasse glaubhaft machen, sowie eine Beratung für die zu erwartenden Befragungen im „Urlaubsland" und einen Hotel-Coupon für Madrid oder Paris.

„Die Ankunft von Ecuadorianern versetzt die Europäer bereits in höchste Alarmbereitschaft", gesteht der Mitarbeiter eines der knapp 800 Reisebüros in Ecuador. Für viele Agenturen ist es ein Bombengeschäft. Etliche Schlepper verkaufen die Tasche gegen einen Kredit, den sie sich mit einer hypothekenfreien Immobilie absichern lassen. Die Zinsen liegen meist bei zehn bis zwölf Prozent pro Monat. Das geliehene Bargeld wird üblicherweise mit zehn Prozent für lediglich drei Tage verzinst, dann spätestens taucht der „Reiseleiter" der Agentur im spanischen Hotelzimmer auf und streicht die Barschaft wieder ein. Auch die internationalen Fluglinien profitieren von den stets ausgebuchten Flügen nach Europa.

Unter der Rezession leidet auch die ohnehin kleine Mittelklasse. Eine leitende Professorin an der renommierten Katholischen Universität von Quito verdient seit 1998 monatlich unverändert sechs Millionen Sucre. Bei ihrer Einstellung waren das für ecuadorianische Verhältnisse umgerechnet stattliche 1200 Dollar, seit einem halben Jahr ist ihr Salär nur noch ein Fünftel davon wert. Die Dozentin ist bereits auf Arbeitssuche – weltweit.

Wen wundert es da, dass Ecuador seit Monaten unter den zehn größten Bewerbernationen für die deutsche Green Card liegt? Hunderte von Anträgen aus Ecuador liegen in Berlin bereits vor. Sollte das ärmste Land Südamerikas überhaupt so viele Informationsspezialisten haben, so wird Ecuador auf dem Weg ins Informationszeitalter wohl weitgehend abgehängt, zumal nicht nur in Deutschland Programmierer gesucht werden.

In Ecuador bahnt sich unterdes eine Katastrophe an. Am 13. September steht die 116 Jahre alte Währung Sucre vor dem endgültigen Aus. Benannt wurde die Währung nach dem berühmten Marschall Antonio José de Sucre, der die spanischen Truppen 1822 in der entscheidenden Schlacht am Vulkan Pichincha in die Flucht geschlagen hatte – das war zugleich die Geburtsstunde der Nation.

Nun ist der Sucre der Geschlagene. Ausgerechnet jetzt ziehen auch noch nordamerikanische Truppen ins Land. Das wurde – mitten in der tiefsten Rezession und wenige Wochen bevor Jamil Mahuad das Land an den Dollar kettete – unter Ausschluss der Öffentlichkeit besiegelt. Die Regierungen von Quito und Washington unterzeichneten ein binationales Militärabkommen, was den US-Streitkräften Basen für Marine und Luftwaffe in der ecuadorianischen Küstenstadt Manta sichert. Von dort aus wollen die Amerikaner die Mafia und den Drogenanbau in Kolumbien bekämpfen. Das sind die offiziellen und auch plausiblen Verlautbarungen zum „Plan Colombia".

Doch US-Marinepatrouillen vor den Küsten, angebliche Pflanzenvernichtungstests der USA auf ecuadorianischem Gebiet und die Strafimmunität Hunderter nordamerikanischer Soldaten vor dem ecuadorianischen Gesetz haben – so berichtete die spanische Ausgabe des Miami Herald am 17. Juli – einen heftigen Streit im Land darüber ausgelöst, ob Ecuador noch ein souveräner Staat ist. Wurde ein finanziell sich offenbarendes Ecuador von den USA benutzt und in einen Bürgerkrieg mit Kolumbien hineingezogen? Welchen Preis haben die Regierungen Mahuad und Noboa für den Dollar tatsächlich gezahlt? Die Tageszeitung Hoy analysiert: „... die Militärbasis von Manta war kein einfacher Akt diplomatischer Zusammenarbeit ... die Genehmigung der Militärbasis war Teil dieser Suche nach einer nordamerikanischen Gönnerschaft für eine Einigung mit dem IWF und internationalen Geldgebern".

Der nun begonnene Drogenkrieg hat bereits die ersten 20.000 kolumbianischen Flüchtlinge in den Norden Ecuadors getrieben. In den nächsten Wochen erwarten die Behörden weitere 30.000 allein in der Regenwaldprovinz Sucumbíos. Wer steht Ecuador zur Seite in dem heraufziehenden Flüchtlingsdrama, das mit dem Plan Kolumbien verbunden ist? Der IWF hat Ecuador für die Lösung seiner wirtschaftspolitischen Hausaufgaben jüngst gelobt. Die Regierung in Quito kann ihre erdrückenden Schulden von 13,4 Milliarden Dollar nun dank neuer Kredite in Teilen umstrukturieren. Doch niemand glaubt, dass das tatsächlich eine gute Nachricht ist.

Wirtschaftsreportage – DIE ZEIT im August 2002

DIE GALÁPAGOS-INSELN

… UND NEULICH KAM DER MENSCH

Galápagos gleiche der „Welt nach einem göttlichen Strafgericht in Gestalt eines Feuerregens", schreibt „Moby Dick"-Autor Melville 1940 in seinen Reisebericht. Fürwahr werden die „verzauberten Inseln" seit fünf Millionen Jahren von unterseeischen Vulkanen aus dem Pazifik geschleudert, wird die zu Kegeln und Platten bizarr erstarrende Lava wahllos in die kochende Gischt gespuckt. Im Gefiederdreck und Kot der Zugvögel eingeschleppt folgt die karge Pflanzenwelt, oder nur zufällig von pazifischer Brandung und Wind in die verkrusteten Schlackekämme gespült. Auch den Reptilien ergeht es nicht würdiger. Sintflutartige Regenfälle reißen sie aus ihrer kontinentalen Küstenheimat und treiben sie auf Stämmen und Gesträuch hinaus auf den Stillen Ozean in einen fast chancenlosen Überlebenskampf in den schwarzen Basaltklippen. So fing alles an.

Auf Galápagos jüngst erst eingetroffen ist der erste räuberische Säuger unter den Wirbeltieren: homo sapiens, der Buchhalter der Evolution.

Der Inkakönig Túpac Yupanqui war um 1470 der erste Gestrandete am Archipel, so will es die Legende von seiner Entdeckung der „Feuerinsel" Nina-Chumbi und der „fernen Insel" Hahua-Chumbi. Doch – belegt – erst 1535 entführte der Humboldtstrom das Schiff des panamesischen Bischofs Tomás de Berlanga windstill in die ozeanische Weite. Die Landung auf den „Feuerinseln" rettete der Exkursion das Leben. Den bischöflichen Berichten folgten die Freibeuter und Piraten mit dem Gold der spanischen Gallonen in die Schlupfwinkel der Lavatunnel.

Die Walfänger des 19. Jahrhunderts plünderten den Archipel, warfen Hunderttausende von Landschildkröten als lebende Fleischkonserven monatelang in die Bäuche ihrer Boote und schlachteten die Pelzrobben und Wale ab. Galápagos schien ein ewig gottloser Ort. Selbst der berühmteste Gast, Charles Darwin, wußte 1835 trotz all seiner biologischen Faszination von den Inseln als „Gärten der Hölle" zu sprechen.

Meerechsen auf Galápagos

Ein vollendeter Ort für die Todeskandidaten der jungen Republik Ecuador, dachte sich die Justiz Quitos und deportierte hunderte von Schwerstverbrechern und Zwangsarbeitern in die Steinbrüche, Schwefelminen und Sklavenplantagen der Inseln.

„Werden wir stark genug sein, um all den Widerwärtigkeiten der Natur trotzen zu können?", fragt sich 1932 die Kölner Siedlerin Margret Wittmer. Die durch sie berühmt gewordene Geschichte der deutschen Auswanderer in ihrem „Paradies" auf Floreana durchziehen auch Jahre von teuflischen Affären und menschlichen Tragödien.

Selbst die Galápagos-Stützpunkte der USA-Navy im Zweiten Weltkrieg waren allenfalls den Offizieren bei den Kaffeefahrten zu den Wittmers ein Vergnügen. Die Rekruten verdammte es zum Appell ans „Ende der Welt", in „eine ungepflügte Hölle", schrieb der zeitgenössische Autor V.W. von Hagen.

Heute bewohnen knapp 20.000 Menschen die „Arche Noah im Pazifik". Als der 72jährige Rafael Tupiza noch ein kleiner Junge war, holte er das Trinkwasser mit dem Esel aus den Bergen der Isla Isabela. „Es gab nur drei Fischerboote. Die meisten von uns arbeiteten oben auf den Fincas. Dort wachsen Kaffee, Zuckerrohr, Obst und Kartoffeln. Alle sechs bis acht Monate verkauften wir auch geräuchertes Trockenfleisch an den Frachter aus Guayaquil."

Der Gefangenenaufstand von 1952 auf Isabela brachte eine Wende in das „unheimliche Paradies" der 123 Inseln und Felsen. Die bis zum Zusammenbruch und Tod misshandelten politischen Häftlinge Ecuadors revoltierten an der „Mauer der Tränen", raubten zwei Fischerboote und überfielen kurz darauf die nordamerikanische Luxusjacht „Valinda" vor der Insel Santiago, erinnert sich Rafael Tupiza. Ein Fall, diesmal nicht nur für die Weltpresse, sondern auch Chefsache in Washington, das in Quito eine Auflösung der Strafkolonien bewirkte. Diplomatische Geburtshilfe für den Fremdenverkehr auf Galápagos.

Von nun an mutieren die weltberühmten Schildkröteneilande der Fischer, Bauern und Forscher zusehens zu einem Tummelplatz ökologisch interessierter Fernreisender, jedoch nicht alle Siedlungen profitierten in gleich Weise.

Unten an der Mole von Puerto Villamil blättert die Frau von der „Heladeria-Pizzeria" verträumt mit den Ellbogen auf das Thekenbrett gestützt im „Cosmopolitan" und wartet auf Touristen. Seit acht Jahren. „Vielleicht kommt ja irgendwann ein größeres Flugzeug. Ich warte weiter." Ihre Weise, es auf Isabela an den schönsten Palmenstränden von Galápagos auszuhalten, ist Warten auf Kunden, die zumindest den Zugvögeln gleich einen Moment verweilen, sich einmal lieben, die Flügel putzen und etwas trinken für die lange Reise.

Auch viele der 5000 Seelen in der Verwaltungshauptstadt Puerto Baquerizo Moreno auf San Cristóbal leben von dieser ausdauernden Geduld, gebrochen allein von dem Unmut der Fischer zwischen den internationalen Ordern von Artenschutz und Haifischflossen. Sonst ein ganz normales liebevolles Dorf mit Billardhallen, vierzehn Fußballmannschaften und der gut besuchten Kirche mittendrin. Und auch wieder nicht ganz so normal mit „endemischen T-Shirts" und einem Hospital, in das man zur Operation alles Gerät besser selbst mitbringt. Eigenartig.

Flugzeuge, Schiffe und Funk lassen die Menschen nicht isoliert wie die Tiere und Pflanzen evolutionieren. Eine Spezies homo sapiens galapageño wird nicht entstehen. Dennoch wird die Anpassung an Klima und Umwelt zur Überlebensstrategie. Diese ruhigen, gastfreundlichen und ausdauernden Menschen kommen von überall aus dem Land: Indígenas aus Otavalo und Salasaca, Schwarze aus Esmeraldas und viele Mestizen vor allem aus den Anden. Dazu gesellen sich Aussteiger aus aller Welt und ihre Ahnen. Sie sitzen, sie fahren Fahrrad, sie gehen. Sie spielen Karten im Café und zählen die Stunden in der Tienda. Sie sind keineswegs faul, denn sie haben zu tun: sie warten, und gelegentlich reparieren sie ein Boot. Nicht wenige scheinen zu überleben wie die Drusenköpfe auf der Kakteeninsel Plaza, stundenlang unter einer Opuntie sitzend, bis die Kaktusfrucht der Gravitation gehorcht. Und wer nicht warten kann, kann gehen – beharrliche Selektion. Auf 1 Grad südlicher Breite leguanisiert der Mensch.

Der Abend in Baquerizo kühlt und belebt. Kinder laufen durch die Stra-

ßen. Lachen. Hunde tollen. Ein paar Mopeds knattern ihren Tageskilometer. Musik wellt aus den Bars. Hier und da ein Fernseher für alle. Vielleicht hundert Autos rollen über die Pflaster und Aschen des Ortes – eine gute Ökobilanz der Hauptstadt.

„‚Was wollen Sie denn hier?', fragte mich damals der Marinesoldat. ‚Kennen Sie hier denn jemanden? Haben sie Arbeit?'" Der ecuadorianische Ingenieur Jimmy Pérez war sich 1960 eigentlich sicher, daß er nach 32 Jahren New York City und einer innigen Liebe zu Nightclubs, Broadway and Subway niemals in einer Stadt mit weniger als fünf Millionen Einwohnern leben könnte, noch nicht einmal in seiner Heimat Guayaquil, wo er 1909 geboren wurde. Doch dann machte er auf Santa Cruz einen neuen Anfang als Langustenfischer. „Hier gab es weder Straßen, noch Strom oder ein Radio, aber ich bin nie müde geworden, die Sonne über Santa Fé aufgehen zu sehen. Wir waren damals etwa 120 Einwohner auf der Insel. Hier unten in den Mangroven von Puerto Ayora lebten wir mit nur 20 Fischern."

Seit nun fast 20 Jahren hat Jimmy ein kleines Hotel am Wasser. Auf der Terrasse verweilen Meeresechsen, Pelikane und Darwinfinken, doch die Idylle ist nahezu fort. Im Windschatten des 1959 gegründeten Nationalparks Galápagos und der Charles-Darwin-Forschungsstation entwickelt sich ein Tourismus von heute 65.000 jährlichen Gästen, die fast ausnahmslos zumindest für Stunden auch Puerto Ayora besuchen, dessen Einwohnerzahl sich seit dem Gespräch mit dem Marinesoldaten verfünfhundertfacht hat. Entsprechend umstritten gebärdet sich hier auch das UNESCO-„Erbe der Menschheit".

Anders als auf den übrigen bewohnten Inseln dominieren 45 Jahre nach der letzten Gefangenenrevolte Boutiquen, Restaurants und Agenturen das Reisezentrum des Archipels. Naturguides, Tauchlehrer und Taxifahrer führen durchs Programm. Bootsbesitzer, Hoteliers und die Banco del Pacífico managen die Boomtown des Paradieses. Im Hintergrund arbeiten Köche, T-Shirtmaler und Discjockeys, so wie Militärs und Bürokraten, während die großen Drahtzieher der Tourismusbranche und ihre Zahlmeister nicht selten in Quito und Guayaquil residieren. Ganz zum Ärgernis der Inselbewohner, denn sie hängen am teuren Tropf des Festlandes, an den eingeflogenen Möhren. Bier und Wasser kommen mit dem Schiff.

Puerto Ayora ist äußerlich heute ein Bilderbuchferienort mit einem charmanten easy living auf der Avenida Charles Darwin, mit Tequila Sunrise zum Sunset und natürlich „Macarena“ bis zwei Uhr früh, wenn der Dorfstrom schon längst abgedreht ist.

Doch dieser Traumpfad nach Eden ist gefährlich, denn begünstigt von der Armut Ecuadors und dem weltweiten Reiserausch entstehen gerade Puerto Ayora die bekannten stadtökologischen Probleme, die fatalerweise die gleiche Ausdauer haben wie die biologischen Helden der Inseln. Das aktuelle Julimagazin von „Better Homes and Gardens“ flattert bezeichnenderweise im Rauch von Puerto Ayoras Müllhalde im Nationalpark, zwischen verwilderten Katzen und Ratten im Gesumme von Millionen Fliegen, während einen Kilometer weiter die Gesundheitsbehörde das Inselbordell „El Paraiso“ schließt, besiegelt vom nationalen Polizeikommissariat am 8. August 1997 im Namen von „Gott, Vaterland und Freiheit“. Sind das Vorboten eines absurden Dramas im „Archiv der Urwelt“?

Epilog: Das Tempo von uns Reisenden ist nicht das von Galápagos. Die Inselgruppe bewegt sich auf seinem Tiefseeplateau jährlich um sieben Zentimeter nach Südosten. Wir können getrost davon ausgehen, daß bei ihrer Ankunft in Peru in vierzehn Millionen Jahren kein Mensch zur Begrüßung am Kai winken wird. Um so wichtiger ist es zu begreifen – ob in Puerto Ayora, Quito oder Berlin – daß wir Menschen uns kurz vor dieser Jahrtausendwende nicht zur Abschiedsparty im „Labor der Evolution“ versammeln.

Wir Erben surfen nur kurz mit, und Hermann Melville irrte, als er weiter über die Galápagos-Inseln notierte, es könne „keine Macht der Vernichtung ihnen eigentlich noch etwas anhaben“.

Reportage – GEO special im Oktober 1997

EL NIÑO: FRESS-GELAGE UND ZWANGS-DIÄTEN IM PARADIES

Die Erwärmung des Pazifik durch das El-Niño-Phänomen greift seit Anfang Dezember spürbar in Vegetation und Nahrungskette auf den Galápagos-Inseln ein.

Die ohnehin schon langsamen Elefantenschildkröten auf den Galápagos-Inseln fressen sich die Bäuche voll. El Niño und seine mitgebrachten Regenfälle lassen die Vegetation auf den 123 ecuadorianischen Inseln und Felsen im Pazifik üppig sprießen, daß die Grünpflanzenfresser nur so juchzen und schmatzen. Die Landleguane, die auf den sonst glühend heißen Lavainseln stundenlang unter den Kakteen sitzen und auf eine herunterfallende Opuntienfrucht warten, stapfen nun über den saftig grünen Vegetationsteppich und völlen sich kugelrund. Selbst die weltberühmten Darwin-Finken brauchen sich ihrer in Jahrtausenden erworbenen Ernährungstechniken zumindest im Moment nicht zu bedienen – El Niño, „das Kind", hat den Tisch im Paradies reichlich gedeckt. Galápagos ist so grün wie seit 15 Jahren nicht mehr. Den menschlichen Betrachter stören beim ersten Hinsehen allein die monsunartigen Regenfälle, die bis zu 13 Stunden am Tag andauern.

Doch das weltweite Klimaphänomen El Niño treibt auf dem Galápagos-Archipel nicht nur üppige Blüten, sondern es greift auch massiv in die Bereiche der Nahrungskette ein, die direkt über das Meer führen. Die Forscher der Charles Darwin Stiftung maßen noch im Dezember badewannenähnli-

Seelöwe und Touristen

che 29° C in den Gewässern um die „verzauberten Inseln", stellenweise liegen die Temperaturen 10° C über den jahreszeitlich üblichen. Als Konsequenz sind die Algen verschwunden, und die Meerechsen, die sich von diesen Unterwasserwiesen ernähren, legen eine Zwangsdiät ein. Sie magern bereits sichtlich ab, doch ihre Resistenz gilt als hoch. Den Seelöwen geht es ähnlich. Viele Fische ihres Speiseplans haben sich in kühlere Gewässer verzogen. Da nützt es wenig, wenn auch die Haie mit ihnen gingen. Auch die Blaufußtölpel und Fregattvögel sitzen auf Diät. Die Fischgründe sind im Moment so warm und leer, daß auch die Albatrosse ihre Nester größtenteils aufgegeben haben und nicht brüten. Gelegentlich finden sich einzelne tote Tiere, auch unterernährte Seelöwenbabys. So war es im Prinzip immer auf Galápagos: nur die Stärksten überleben im täglichen Ringen mit der Natur, welche sich im „Weltkulturerbe" Galápagos schon immer extrem und lebensfeindlich gebärdete.

Aber auf Galápagos liegt eine Zeitbombe im Klimawechsel – nicht erst seit heute, doch in diesen Wochen tickt sie besonders laut. Die seit Jahrhunderten von Walfängern und Siedlern vom Festland aus eingeschleppten und verwilderten Landtiere nehmen beherzt teil an den vom Klima gedeckten Schlemmertafeln der Natur: Ratten, Ziegen, wilde Hunde, Katzen, Schweine, Esel und auch Insekten wie Mücken, Fliegen und vor allem die Rote Ameise vermehren sich in Folge des pflanzlichen Nahrungsüberflusses. Wie sich Viren, Bakterien und Fäulnis unter dem naßwarmen Klima entwickeln werden, ist im Einzelnen noch gar nicht zu prognostizieren. Auch läßt sich noch nicht in Zahlen fassen, welche Populationen die Ratten-, Ziegen- und anderen Plagen unter dem Einfluß von El Niño herausbilden werden, wie stark die ebenfalls von Menschenhand eingeführten landwirtschaftlichen Kulturen in das sensible Ökosystem der Nationalparkzonen wuchern werden. Im Moment liegen viele Fragezeichen über dem Archipel. Es ist warm, verregnet, und die Nahrungskette rasselt in ihren Gliedern.

Den schätzungsweise 10.000 Einwohnern von Puerto Ayora auf Santa Cruz, der größten Siedlung auf Galápagos, ist klar: alles steht und fällt mit der Wassertemperatur. Läßt El Niño nach, kommen den Fischern und den hungernden Tieren in gleicher Weise die wärmeflüchtigen Fische zurück. Dann läßt auch der Regen nach. Dann wird es keine Erosionsschäden durch die massiven Niederschläge mehr geben, und auch sinkt der von der Wasserausdehnung gestiegene Meeresspiegel wieder ab. Selbst der momentan etwas in Mitleidenschaft gezogene Tourismus wird sich in Kürze erholen. Die Galapageños gucken gebannt auf das Wasserthermometer.

Was aber, wenn nicht? Sollte El Niño das Marinereservat Galápagos weiter so aufheizen wie im Moment, so ein alteingesessener Dorfbewohner, werde es in drei bis vier Monaten kritisch für die Tiere. Einzelnen Arten drohen dann bestandsgefährdende Rückläufe ihrer Populationen, und die Plagen könnten verheerend in das ökologische Gleichgewicht einfallen. Während sich die Elefantenschildkröten heute noch an den über alles geliebten Maracujafrüchten laben, könnte schon ihr nächstes Gelege den Ziegen zum Opfer fallen.

Frische Hoffnung kommt aus Santa Cruz und von den nördlichsten Inseln Darwin und Wolf: Taucher haben in den letzten Tagen seit Monaten erstmals kühle Meeresströmungen entdeckt. Mit ihnen tauchten die lange vermißten großen Schulen von Hammerhaien auf. Skurrile Raubfische von den „Feuerinseln“ als mögliche Vorboten einer weltweiten Klimawende.

Feature – dpa 1997

HAI-SOCIETY IN DARWINS ZOO

Expedition in die Unterwasserwelt von Galápagos

Lange Gesichter in Tokios Betten, denn beim Sex hört der Spaß auf. Während andere sich ihrem Psychiater öffnen, bevorzugen die Japaner die kulinarische Therapie in einschlägigen Spezialitätenrestaurants. Amor a la carte: Ein bisschen Seelöwenpenis sollte für die nötige Lust sorgen. Auch die Flosse eines Hammerhais in der Suppe beschert ein Erlebnis, zu dem sich mit dem Schwanz eines Adlerrochen die nötige Phantasie für weitere Lustspiele gesellt.

Taiwan, Japan und andere asiatische Staaten erzeugen die Nachfrage nach diesen medizinisch mehr als fragwürdigen Potenzmitteln aus der Meeres-Apotheke. Da diese Art der Bekämpfung von Erektionsschwächen asiatischer Workaholics bereits eine lange Tradition hat, wundert es nicht, dass die japanischen Gewässer weitgehend leergefischt sind. So vergreifen sich die asiatischen Fischer schon seit vielen Jahren an den Tieren auf der anderen Pazifikseite, vor den Küsten Lateinamerikas.

Selbstverständlich ist das Fischen von Haien, Rochen und Seegurken sowie der Fang von Seelöwen im Marinereservat Galapagos-Inseln streng verboten. Betrachtet man jedoch die Praxis bei der Überwachung dieses Verbots seitens der zuständigen ecuadorianischen Behörden, bleibt der Verordnung höchstens noch die Kraft einer roten Ampel in der Mittagssonne Südamerikas.

Wir suchen auch nach Fischen, sind aber nicht als Fischer, sondern als Taucher, pure Voyeure, unterwegs. Den ersten Sonnenaufgang erleben wir vor „Rocas Gordon“, einer schroffen vulkanischen Felsformation nahe der

Ein Taucher filmt einen Fischschwarm vor Galápagos

Insel Santa Cruz. Um Punkt sieben steigen 18 Taucher und ihre zwei Unterwasserguides in der bunten Pracht ihrer Neoprenanzüge in die Schlauchboote und kippen sich Minuten später auf „one-two-three" hintenüber. Starke Strömung lässt den Frühsport kurz und ungemütlich ausfallen. Galápagos ist kein Swimmingpool. Doch schon einzelne Begegnungen mit Hammerhaien, den endemischen Galapagos-Haien, Mantarochen und Meeresschildkröten versöhnen die Pressluftcracks an diesem Morgen.

Der Nachmittag gehört den großen kleinen Attraktionen vor Seymour Norte: Korallenfische, Nacktschnecken und Galapagos-Garnelen, die wie Slalomstangen in der seichten Strömung aus dem Sandgrund ragen. Zum Ende des Tauchgangs finden wir uns im Kinderzimmer des Südostpazifik wieder: Seelöwen sausen uns verspielt um die Masken, sie knabbern an unseren Flossen und scheinen sich köstlich zu amüsieren.

Der nächste Sonnenaufgang vor Cousin's Rock wird gekrönt von einer Begegnung mit Adlerrochen. Zwei große Schildkröten tragen ihre Panzer vom Schlafplatz ans Tageslicht. Dichte Gärten schwarzer Korallen im hellgrünen Samtkleid säumen den terrassenförmigen Unterwasserhang. Ein Regenbogen-Zwergbarsch umtanzt das Glas meiner Maske, als habe er gerade ein zehnwöchiges Fernsehverbot hinter sich. Mittlerweile haben sich einige 1000 Baracudas über uns zu einem morgendlichen Raubfisch-Meeting versammelt.

Es scheint in der Tat ein „verzaubertes Paradies“ zu sein, das der Bischof Tomás de Berlanga 1535 auf seiner Seereise von Panama nach Peru fast 1000 Kilometer vor der Küste des Kontinents entdeckte. Und es wundert nicht, dass 300 Jahre später der Naturforscher Charles Darwin gerade hier die entscheidenden Entdeckungen für seine Evolutionstheorie machte.

Die vorwiegend nordamerikanischen Tauchgäste haben die vielleicht teuerste Reise in Lateinamerika jedoch nicht wegen der Korallenfische und Baracudas gebucht. An tropischen Fischen ist selbst Florida reicher. Die Touristen suchen auf dem Archipel in erster Linie das ultimative Haierlebnis, „shark action“ nennen sie das.

Als das Schiff am Abend unseres zweiten Tages den Anker vor der Insel Bartolomé lichtet, lässt der Kapitän die Segel dazusetzen für die lange Passage in den nordwestlichen Winkel von Galápagos. Wir schippern über den Äquator zur Insel Wolf. An Bord ist viel Zeit für jede Menge Geschichten, aber auch für die ernsten Fragen zu dem bedrohten Paradies. Die beiden Taucherguides Juan Carlos und Raul sind seit Jahren im Geschäft. Oft genug haben sie illegale Fischerboote, manchmal fast schon kleine Fabrikschiffe denunziert, meist ohne Wirkung. Ungewollt wurden die Tauchführer zur marinen Umweltpolizei von Galápagos, verpönt allerdings bei den ecuadorianischen Fischern, die ihre asiatischen Kollegen weiter beliefern wollen. Und im Januar dieses Jahres, als der Konflikt auf Santa Cruz eskalierte, wurden sie mit Knüppeln und Macheten von protestierenden Fischern bedroht. Der Meeres-Reichtum der Inseln ist ihre Lebensgrundlage, behaupten beide Parteien. Eine Lösung des Konfliktes ist nicht in Sicht.

Am nächsten Morgen geleitet uns eine große Schule von Delfinen auf den letzten Meilen vor dem imposanten Vogelfelsen von Wolf. Zeit, die Lungenautomaten wieder an die frischgefüllten Aluminiumflaschen zu schrauben. „One-two-three“, und wir fallen in die Hammerhaie. Es werden Hunderte im Laufe einer Stunde. Paarweise schwirren wir aus, in 20 Meter Tiefe suchen wir uns eine Art Felsenhochsitz. Von rechts kommend patrouillieren 15 ausgewachsene Hammerhaie über das steil abfallende Vulkangeröll, über uns schiebt eine andere Gruppe ihre Silhouetten vor den blauen Morgenhimmel. Doktor-, Kaiser-, Wimpel- und Kofferfische sind fast nur noch Kulisse bei dieser Naturinszenierung, zu dominierend sind Pracht und Perfektion dieser menschenfreundlichen Räuber auf Galápagos. Noch nie wurde hier ein Taucher angegriffen - die Tiere haben genügend Nahrung und die Voyeure nie als Bedrohung erfahren.

Helle Aufregung in den Schlauchbooten. Einige Taucher haben beim letzten Tauchgang Walhaie gesehen. Diese größten Fische der Welt galten in den 80ern in Galápagos als verschwunden. Erst seit drei Jahren lassen sie sich immer mal wieder vor der Nachbarinsel Darwin blicken. Die Insel Darwin hat auf Grund ihrer komplizierten und gefährlichen Strömungsverhältnisse nur einen ausgewiesenen Tauchplatz: El Arco, ein wuchtiger Torbogen aus vulkanischem Fels. Der größte der friedfertigen Haie, den wir treffen, misst etwa 14 Meter. Bis zu drei Tiere gleichzeitig schwimmen mit den Tauchern. Viermal am Tag atmen wir unsere Flaschen leer, fahren den Walhaien durch das borstige, nachgebende Fell, ein dunkler Teppich voll runder weißer Flecken, über dem sich die gewaltige Rückenflosse erhebt und an den Tauchern vorbeizieht wie ein Windjammer an einer Hafeneinfahrt, bevor eine noch größere Schwanzflosse das tonnenschwere Tier wieder in die Tiefe drückt.

Nicht wenige Wissenschaftler und Ökologen sehen voraus, dass „Charles Darwins natürlicher Zoo" in einigen Jahren seine Pforten dichtmachen kann, wenn der Archipel national nicht besser gemanagt wird. Eine Radar- und Luftüberwachung der Gewässer aber ist der Regierung in Quito zu teuer. Mittlerweile haben jährlich 54.000 Galápagos-Touristen eine Kette von Folgeproblemen wie Müll, Abwässer sowie einen ecuadorianischen Zuwanderungsstrom ausgelöst. Die Waage zwischen dem Wirtschaftsfaktor Galápagos für das Entwicklungsland Ecuador, dem erzieherischen Wert eines Galápagos-Tourismus und dem Nutzen für Biologie und Forschung auf der einen Seite und dem Eingriff in sein Ökosystem auf der anderen Seite scheint aus der Aufhängung zu geraten. Der Tauchtourismus ist dabei eine ambivalente Angelegenheit: Ohne ihn wären die Gewässer des Naturparks vielleicht schon leergefischt.

Doch zu Helden im Kampf gegen die internationale Ökopiraterie wollen die Taucher eigentlich auch nicht werden. Ihr Schiff heißt nicht Rainbow Warrior. Wohlstandserbe frisst Naturerbe. Diesen Zusammenhang konnte Charles Darwin vor 160 Jahren noch nicht entdecken.

Reisereportage - Frankfurter Rundschau 7.10.1995

TANKERUNGLÜCK AUF GALÁPAGOS

Herber Rückschlag für den Tourismus erwartet

Die Galápagos-Inseln, dieses weltweit einzigartige Reservat und Weltkulturerbe der Menschheit, drohen nach dem Tankerunglück vom 16. Januar langfristig Schaden zu nehmen. Zwar wird die bisher größte Umweltkatastrophe das ecuadorianische Inselparadies nicht zerstören, doch die im Wesentlichen von Tourismus und Fischerei lebenden 20.000 Menschen auf den fünf bewohnten Inseln rechnen mit erheblichen Einbußen.

An jenem Januarabend gegen neun Uhr verwechselte der Kapitän des ecuadorianischen Tankschiffes Jessica eine Leuchtboje in der Hafeneinfahrt der Provinzhauptstadt Puerto Baquerizo Moreno und setzte den veralteten und nicht versicherten Tanker auf ein Felsenriff der Insel San Cristóbal. Die Jessica verlor ihre Fracht von 600 Tonnen Diesel und über 300 Tonnen des schweröligen Ifo-Treibstoffs fast vollends.

Die umweltgefährliche Ifo-Ladung war bestimmt für das Kreuzfahrtschiff Galápagos Explorer II, das diesen Billigtreibstoff als einziges Galápagos-Schiff noch verwendet. In ihrer Schiffsklasse für 100 Passagiere und etwa 60 Crew-Mitglieder ist die Explorer ohnehin seit Jahren eines der umstrittensten Gefährte im „Labor der Evolution", wie Charles Darwin die über 120 kleinen und großen Inseln seinerzeit beschrieb. Kurioserweise erhielt die Explorer für ihre Umweltverträglichkeit noch im Jahr 2000 das Ökosiegel Smart Voyager von der Organisation Rainforest Alliance.

Für Ecuador, eines der ärmsten Länder Südamerikas, ist der Tourismus nach dem Export von Erdöl, Bananen und Shrimps die Haupteinnahmequelle. Und die 1000 Kilometer vor der Küste liegenden Galápagos sind das Reiseziel für mittlerweile mehr als 100 000 Touristen im Jahr. Das Nationalparkgebiet umfasst 94 Prozent der insgesamt 7800 Quadratkilometer messenden Inseln, zuzüglich des riesigen Meeresreservats.

Die mehrtägigen Galápagos-Touren werden weltweit vorbildlich und naturkundlich meist professionell geführt. Die Inselbewohner kritisieren hingegen, dass die Einnahmen allein auf den Vollpensionsschiffen und in den Agenturen auf dem Festland bleiben. Gerade große Schiffe besuchen allenfalls die Forschungsstation in der touristischen Hauptstadt Puerto Ayora zu einem kurzen Landgang. Im Moment haben 95 Schiffe mit Platz für jeweils mehr als 10 Passagiere eine Tourismuslizenz.

Die nun auf mehreren tausend Quadratkilometern treibenden Öl- und Treibstoffteppiche verschmutzen Teile der Strände und vulkanischen Felsküsten. Ölverschmierte Pelikane und Seelöwen mit Augeninfektionen sind erste Boten des sich ausbreitenden ökologischen Desasters. Mittel- und langfristig dürfte vor allem das Meeresreservat unter dem Tankerunglück leiden. Der Diesel verdunste zwar allmählich, aber die schweren Ölanteile werden erfahrungsgemäß absinken, wie der Zoologe Friedemann Köster prognostiziert. Besonders betroffen von dem Unglück sind bisher die östlichen Gewässer um San Cristóbal, von wo die Umweltgifte in Richtung Westen bereits die Küsten von Santa Fé und Santa Cruz erreicht haben. Einige Besucherplätze mussten gesperrt werden.

Das Tankerunglück von Galápagos hat bei weitem nicht die Dimension etwa der Exxon Valdez-Katastrophe, aber sie trifft einen der spektakulärsten und sensibelsten Lebensräume unseres Planeten. „Das ist ein langfristiges Desaster. Ohne Zweifel wird es im Tourismus harte Rückschläge geben", glaubt Etienne Debacker, ein belgischer Naturführer, der seit 1982 hier arbeitet. Bisher habe es seines Wissens noch keine Stornierungen gegeben, „aber in wenigen Monaten spüren wir die Konsequenzen".

Der Leiter der Tourismuskammer von Puerto Baquerizo Moreno, Franklin Romero, übt sich vis-à-vis dem 800 Meter entfernt liegenden havarierten Tanker in zweifelhaftem Zweckoptimismus: „Die Wellen werden das Problem in zwei, drei Tagen erledigen. Das Öl ist jetzt ausgelaufen und treibt zum Glück auf das offene Meer. Im Februar werden dann hier die Internationalen Surfmeisterschaften Galápagos 2001 stattfinden."

Aktueller Bericht – DIE ZEIT 1.2.2001

GLÜCKSFALL TANKERUNGLÜCK

Umweltministerin Lourdes Luque de Jaramillo über ökologische und touristische Folgen des Tankerunfalls

Frau Minister, fast ein Jahr ist seit der Havarie des Tankschiffs Jessica vergangen. Welche Schäden hat dieses Unglück hinterlassen?
Lourdes Luque de Jaramillo: Der starke Sonneneinfall und die Meeresströmungen zur Zeit des Unfalls haben die Galápagosinseln vor größerer Verunreinigung bewahrt. Im Wasser und in der Tierwelt zeigen sich fast überhaupt keine Schäden. Es wurden vielleicht drei oder vier Vögel verschmutzt, die dann starben. Das Umweltministerium hat jetzt eine Untersuchung des Meeresbodens veranlasst, um zu analysieren, ob der Grund beeinträchtigt wurde.

Die Inseln haben tatsächlich alles ohne Probleme überstanden?
Luque: Mehr noch: Es gibt verschiedene positive Auswirkungen. Während die Provinz Galápagos zuvor kaum Kontrolle über das Meeresreservat hatte, gibt es jetzt ein Marinekommando samt Fregatten und einem Hubschrauber.

Dann war der internationale Alarm also völlig übertrieben?
Luque: Der Alarm war wichtig. Im ersten Moment denkt man bei einem Tankerunglück an das Ende der Inselwelt. Sei es göttliche Segnung, oder seien es die Naturbedingungen: Das Ereignis war nicht so dramatisch, wie es hätte sein können.

Hat denn der Tourismus gelitten?
Luque: Nein, es hat keinerlei Rückgang bei den Buchungen gegeben. Die

Besucherzahlen bewegen sich weiterhin an der oberen Auslastungsgrenze. Unter weltweiten Flugstornierungen leidet hingegen auch der Galápagos-Tourismus seit dem 11. September.

Was passiert mit dem Wrack?
Luque: Taucher berichteten uns, dass sich ein Korallenriff um die Jessica gelegt hat. Dadurch ist ein spektakulärer Tauchplatz entstanden. Das Umweltministerium hat nun entschieden, abzuwarten, bis das natürliche Versinken beendet ist, um das Wrack den Besuchern dann als eine weitere touristische Attraktion anzubieten.

Welche Maßnahmen hat die Regierung ergriffen, um das Gebiet vor ähnlichen Unfällen und möglichen Umweltkatastrophen zu schützen?
Luque: Der Transport von Treibstoffen zwischen den Inseln wird neu geregelt, einschließlich eines Notfallplans. Außerdem finanziert die Interamerikanische Entwicklungsbank ein aufwändiges Satelliten-Überwachungssystem auf Galápagos. Mit Tourismusvertretern, Fischerei, lokaler Bevölkerung und dem Umweltschutz arbeiten wir an einem neuen Regionalplan.

Werden Sie dabei auch die Fischerei-Industrie mit einbeziehen, die seit Jahren unerlaubt Jagd auf Haifischflossen macht und die Quoten verletzt?
Luque: Die industrielle Fischerei ist innerhalb der 40-Meilen-Zone des Reservats verboten. Nach der jüngsten Abweisung ihrer Verfassungsklage werden die Fischer vom Festland definitiv nie mehr dort fischen können.

Sind die Marine und der Nationalpark gerüstet, um diese Umweltstandards auch zu überwachen?
Luque: Niemand ist in der Lage, das riesige Reservat der Galápagosinseln ganz zu kontrollieren. Aber noch im vergangenen Sommer hat die Regierung Japans die Inseln als bestgeführten Park in der ganzen Welt ausgezeichnet.

Wer war eigentlich verantwortlich für den Unfall der Jessica?
Luque: In dem Fall wird nach wie vor ermittelt. Man hat den Kapitän verhaftet. Denn wenn es hier einen direkt Verantwortlichen gibt, ist das sicherlich der betrunkene Kapitän ohne Fahrerlaubnis.

Interview – DIE ZEIT, 10.1.2002

AUF DEN SPUREN VON CHARLES DARWIN

Aus dem Reisebericht über die „ZEITREISE" Galápagos 2002 an Bord des deutschen Dreimasters Lili Marleen.

Im Archiv der Evolution – Tagebuch vom 23.3.2002

Nicht nur wegen der Maul- und Klauenseuche. Noch nicht einmal das gesündeste Körnchen Samen sollte seinen Weg aus den Anden zu den Inseln finden. Die ZEIT-Reise passiert den „Filter zur Quarantäne für Galápagos" ohne Probleme. Unsere Spannung steigt.

Das Flugzeug der staatlichen Airline TAME hebt uns über die Startbahn der Vulkane heraus aus Quito und dem Hochgebirge und senkt sich noch einmal in der Hafenstadt Guayaquil. Die Vogelperspektive offenbart die großflächige Überschwemmung der Felder, die El Niño erneut anrichtet. Als die Stewardess die Kabinentür öffnet, dringen 30 heiße Grad in die Sitzreihen. Als diese wieder herunterkühlen, ist es endlich soweit: „Alles klar für Flug 193 A nach Baltra, Galápagos."

Schon im Landeanflug auf den ehemaligen US-Militärstützpunkt entdecken wir sie in der weiten Bucht, umringt von weißen Sandstränden und einer Handvoll anderer Yachten: SY Lili Marleen. Der hoch aufragende Dreimaster liegt wie ein Traumschiff im seichten Pazifikwasser.

Als wir uns eine Stunde später im Schlauchboot der Steuerbordseite nähern und schließlich an Bord von strahlenden Stewards in Weiß den Begrüßungscocktail gereicht bekommen, erfassen wir die ganze Pracht: ein moderner Luxuskreuzer, traditionell getakelt und ausgelegt mit warmem Holz und blanken Beschlägen. Unser Heim und Vehikel für sieben Tage.

Die SY Lili Marleen liegt vor Anker

Die 76 Meter lange „Lili“ ist ein Werk der Reederei Deilmann und das einzige Schiff unter deutscher Flagge im ganzen Archipel. Gerade aus Afrika zur Ablösung eingetroffen ist Kapitän Axel Rittig, ein kräftiger Norddeutscher mit patentem Schnauzbart und ohne große Umschweife: „Ich heiße Sie herzlich an Bord willkommen und wünsche Ihnen eine unvergessliche Woche auf den Galápagos-Inseln.“

Nach der obligatorischen Feuerübung besteigen wir erneut die Schlauchboote, denn der Strand von „Bachas“ im Norden der Insel Santa Cruz sieht eine „nasse Landung“ vor. Tiefschwarze Lavabrocken unterbrechen den weißen Sand. Unzählige Spuren führen aus den Dünen in das smaragdgrüne Wasser. Es sind die frischen Fährten der grünen Meeresschildkröten, die zu dieser Jahreszeit ihr Gelege im Sand vergraben.

Schon kreisen Fregattvögel über dem aufgewühlten Sandwall. Sie werden den Strand täglich patrouillieren, um den Moment nicht zu verpassen, wenn die jungen Schildkröten die kalkige Schale und den heißen Sand durchbrechen und um ihr Leben laufen. Wer die gnadenlosen Sturzflugattacken der Fregattvögel überlebt, den erwarten dann die Haie im seichten Gestade. Nur aus jedem 50. Ei überlebt eine Schildkröte. Die Evolution hat es so gewollt, und so bleibt die Population stabil.

Das erste Fotomodell für die Reisegäste sind die Roten Klippenkrabben, die sich mit ihren kräftigen Schalen einen vegetarischen Algenschmaus in den Kauraum schieben. Ihre bläulichen Stielaugen stets auf die Linsen der begeisterten Besucher gerichtet. Vanessa, die Naturführerin des Nationalparks, hatte Recht, als sie sagte: „Liebe Fotografen, haben Sie keine Angst, etwas zu verpassen. Die Tiere bewegen sich nicht von der Stelle."

Galápagos, Charles Darwins „Archiv der Evolution", hat uns in seinen Bann geschlagen. Die vor vier Millionen Jahren begonnenen Vulkanausbrüche – etwa 1000 Kilometer vor der südamerikanischen Küste – formen bis heute an den 123 Inseln und Felsen im Pazifik. Hier wo sich Humboldt-, Panama- und Cromwell-Strom zu einem aufgewühlten Strömungssystem vereinen und wo Tiere und Pflanzen unter extremen und mitunter lebensfeindlichen Bedingungen ihre Selektion vorantreiben, neue Lebensformen entwickeln, neue Arten schaffen – hier begegnen wir Menschen uns selbst.

Am Ende des ersten Landgangs steht das entspannende Bad im 28 Grad warmen Türkis der Bucht. Die Stille wird allenfalls unterbrochen von den Pelikanen, die sich zur besten Vesperzeit kopfüber in ihre Fischgründe werfen. Unser Dreimaster bildet die Kulisse für diesen Akt der Natur. „Die verzauberten Inseln" ziehen uns in ihre wundersame Welt.

Darm der Zeit – Tagebuch vom 25.3.2002

Zum Frühstück Delfine und Seelöwen, serviert im Kanal von Bolívar, westliche Galápagos-Inseln. Verzehrt mit großen strahlenden Augen in den Schlauchbooten unseres Seglers. Dieses Vorspiel des Tages verdanken wir dem kalten Cromwell-Strom, der die nährstoffreichen Tiefenwasser um die Insel Fernandina spült. Erst später besuchen wir die Eilande, zunächst Isabela.

Nasse Landung, schwarzer Sand. Da schlüpft es sich schneller. Auch in der Bucht von Urvina haben die Meeresschildkröten den Grat des halbmondförmigen Strandes durchwühlt und ihr Gelege hinterlassen, wenige Schritte hinter der unmissverständlichen Holztafel „Stop". Im Theater würde man wohl von „Backstage" sprechen.

Zur Hauptbühne geht es über die Lavakante der Sandfläche. Dort wartet an der Pforte eine gewaltige Meerechse und spuckt gelegentlich die überschüssigen Salze in den Wind. Denn diese vegetarisch veranlagten Reptilien haben es im Überlebenskampf der Arten gelernt, sich von Algen zu ernähren. Doch sind die Drüsenköpfe wählerisch, wie uns die Biologin Heidrun Oberg erklärt: „In El Niño-Jahren sterben ihre Algenarten im warmen Meeresstrom ab. Dann fressen sie anderes Grünzeug auf den Unterwasserfelsen,

Lavaechse auf Galápagos

was sie jedoch nicht verdauen können.“ Zahllose Echsen verhungern dann mit vollen Magen.

Der Pfad ins Schauspiel der Natur führt vorbei an Galápagos-Baumwolle und den im März zitronengelb blühenden Muyuyo-Büschen. Genau dort treffen wir auf den ersten Landleguan, eine gelb gepanzerte Kreatur mit hornigem Nackenkamm und breitem Lächeln. Landleguane lieben Muyuyo.

Bis zu diesem Moment fanden wir ZEIT-Reisende diese Büsche nicht besonders originell. Doch jetzt bohren wir uns in den Orchestergraben der Evolution: In Sekundenschnelle kann der Mensch zu einem Wesen mutieren, das sich auf den Boden kniet, legt, dreht und windet, bis die handfeuchte Kamera nach einem neuen Film schnurrt. Der Schweiß rollt über die Wangen. Unser Star von Muyuyo harrt aus wie ein Model beim Casting. Ein älterer Gast fragt sich nahezu erschöpft vom Fotografieren: „Warum haben die Tiere auf Galápagos eine so geringe Fluchtdistanz?“

Wir Fotografen hocken weiter dichtgedrängt vor jedem Zungenschlag der Echse und kauen ihren Blätterschmaus mit dem Finger auf dem Auslöser rhythmisch nach. Die Echse wundert sich. Selbst ein publikumswirksam abgelegter Haufen Reptilienkot wird detailgetreu und professionell abgelichtet, als seien Landleguane die ersten Wirbeltiere, die verdauen. Sicherlich denkt der Leguan jetzt auch über Fluchtdistanzen nach.

Eine Elefantenschildkröte im Gestrüpp ziert sich hingegen, den seltsamen Gästen auf dem Besucherweg vor die Objektive zu laufen, als wollte sie sagen: „Mit mir nicht, bin verstopft!“

Die Zeit drängt, und die Naturführer wissen, dass am Ende noch eine Gruppe von Blaufußtölpeln wie die Küstenwache auf einem Felsenvorsprung am Strand wartet. Sicherlich werden die der Lili Marleen entlaufenen Filmer und Fotografen dort ihre letzten Rollen und Speicherchips belichten. Die Guides haben natürlich recht, zumal inmitten des Tölpelquartetts ein in der Nachmittagssonne bestens aufgelegter Pinguin die Körperpflege am spärlichen Gefieder zelebriert.

Erst die Überfahrt zur Insel Fernandina gibt Zeit zum Nachdenken über die Natur und ihre Geschöpfe. Steuerbord durchschneiden riesige Lavafelder wie Gletscher die wintergrünen Flanken des 1.500 Meter hohen Darwin-Kraters. Aus der Ferne sehen wir die Linien der eingestürzten Lavatunnel.

Punta Espinoza erreichen wir schon recht spät. Im Abendlicht erscheinen nun auf Fernandina ganze Sippen von Meerechsen und Seelöwen. Zu letzten Studioaufnahmen in der Arche Noah stellt sich ein flugunfähiger Kormoran zum Silhouetten-Bild in die untergehende Sonne.

Bei einbrechender Dunkelheit durchdringen begehrliche Laute das Lavaschelf. Denn Seelöwen leben eine traditionelle Partnerschaft. Die Machos singen ihr Revier ab, nicht schön, aber durchdringend, eher würgend, rülpsend, röchelnd, doch ehrt es die Dame, während sie sich im Sand verschlafen die Fliegen mit der Flosse von der Nase fächert.

Wieder an Bord der Lili Marleen schreiten seltsame Herren als Neptun und Jungfrau verkleidet das Palaverdeck ab und taufen die neuen Freunde von Muyuyo und Würggesang wegen der soeben passierten Äquatorlinie mit gar schleimig Mahl und Wasserspritzern. Für wahr ein langer Tag…

Der Faktor Mensch auf den Galápagos-Inseln. Ein ZEIT-Gespräch mit dem Zoologen Dr. Hans Frädrich – Tagebuch vom 27.3.2002

Als die Lili Marleen am Mittwoch Morgen den Hafen von Puerto Ayora auf der Insel Santa Cruz erreicht, ummantelt uns die so fern geglaubte Zivilisation. Zwischen zahllosen Yachten und Fischerbooten schiebt ein alter Schubkahn Gemüse, Zucker, Reis und Gastanks von dem schmuddeligen Versorgungsfrachter MS San Cristóbal zum Kai der Kleinstadt. Mit der Rückkehr in die Lebenswelt der Menschen, mit dieser Einkehr in die ökonomischen Nischen von Galápagos, schlägt auch das Wetter um: Regen fällt aus allen Wolken. Der Landausflug zu den Hochlandkratern und Elefantenschildkröten von Santa Cruz gerät zum Wassertreten. Der Besuch bei den Riesenschildkröten in der Charles Darwin Forschungsstation tröstet.

Maskentölpel

Es ist ein Tag zum Nachdenken und Zurückblicken. Die ZEIT sprach mit dem Zoologen Dr. Hans Frädrich, seit 1991 der Direktor des Zoologischen Gartens in Berlin und ständiger Fachbegleiter unserer Galápagos-Expedition:

Kein anderer Ort Ecuadors boomte in den vergangenen Jahren derart stark wie das heute rund 12.000 Einwohner zählende Städtchen Puerto Ayora. Dr. Frädrich erinnert sich derweil an die Anfänge des Tourismus, „als ich vor 30 Jahren erstmals auf Galápagos war. Hier in Puerto Ayora lebten nur etwa 200 Fischer. Ein kleines Krankenhaus, eine Radiostation und der Bootsverleih von Familie Angermeyer bildeten die spärliche Infrastruktur." Die wenigen Bauern der Insel kamen damals noch auf dem Esel herunter ans Meer.

Frädrich glaubt, dass mittlerweile ein Höchstmaß an Belastbarkeit durch Siedler für Galápagos erreicht sei. „Doch ist die Begehrlichkeit, heute auf Galápagos zu leben und zu arbeiten, derart groß, dass ich an der ecuadorianischen Verordnung zur Unterbindung weiterer Besiedlung zweifle." Damit führt die nun unausweichliche Lebensmittelversorgung vom Festland zu weiterem Einschleppen von inselfremden Pflanzen und Tieren. „Mich überrascht zudem, dass sich bereits Anfang der 70er Jahre ein Müllproblem für Santa Cruz abzeichnete, ohne dass es bis heute eine umwelt- und naturschutzverträgliche Lösung gäbe.“ Angesichts der Rattenplage auf Galápagos ein nicht zu unterschätzendes Ökodrama.

Im Hochland von Santa Cruz, gegenüber dem Inselbordell Kilometer viereinhalb, türmen sich zur frenetischen Freude Tausender eingeschleppter Ratten die Abfälle der Bewohner und große Teile des Mülls von jährlich über 70.000 internationalen Touristen.

„Gerade die Ratte ist für Schildkröten, Echsen und Vögel ein existenzbedrohlicher Feind“, so Frädrich, „denn sie fallen in Scharen über Eier und Jungtiere her. Der Schaden durch die eingeschleppten Tiere ist riesengroß, um ein Vielfaches größer als die direkte Schädigung durch die Menschen.“

Natürlich vertrage sich die Landwirtschaft im Hochland einzelner Inseln nicht mit dem sensiblen Ökosystem Galápagos. Doch die größten Schädlinge für die Vegetation auf Galápagos seien die teils über 100.000 wilden Ziegen auf einigen Inseln, so der zoologische Experte für Antilopen, Hirsche und Schweine. „Besonders die Ziegen sind derart geschickt und klettergewandt, dass mir ihre Ausrottung heute unmöglich scheint.“

Der Tourismus auf Galápagos ist zweifelsohne ein Motor dieser Fehlentwicklungen. „Andererseits hat gerade der Fremdenverkehr die heute großen Schutzmaßnahmen des Nationalparks erst finanzierbar gemacht“, so Frädrich. Ambivalenz des menschlichen Einflusses.

Ungeschönt macht Frädrich seinen großen Sorgen über die fortschreitende illegale Fischerei auf Galápagos Luft: „Das Abschlachten von Haien wegen ihrer Flossen ist eine große Schweinerei!“ Besorgniserregend sei ebenso die Überfischung der Seegurken. Um die vermeintliche Galápagos-Apotheke zum Einsatz gegen Potenzprobleme asiatischer Männer zu komplettieren, berichtet der Südamerika-Liebhaber: „Vor ein paar Jahren wurden auf San Cristóbal Seelöwen erschlagen, und die Wilderer schnitten ihnen die Geschlechtsorgane heraus. Wenn sich so etwas ausweitet, wird es ganz gefährlich.“ Schon einige Male rechtfertigte der Konflikt um die Fischgründe die Bezeichnung „Krieg“. So „bekamen noch vor wenigen Jahren Wissenschaftler der Charles Darwin Station Morddrohungen von lokalen Fischern.“

Frädrich, der in Berlin heutzutage kein einziges Tier aus Galápagos beherbergt, schwärmt trotz der aufgezeigten Konflikte von den verwunschenen Inseln im Pazifik: „Für mich sind sie ein Paradies, wie es sie nur zweimal auf der Erde gibt, nämlich hier auf Galápagos und in der Antarktis. Nur in diesen beiden Gebieten erleben wir die unglaubliche Zahmheit und Friedfertigkeit der Tiere. Denn nur diese Regionen kennen keine Landraubtiere.“

„Solange es sie noch gibt“ nannte Frädrich sein 1991 erschienenes Buch über die „erlebte Tierwelt zwischen Karibik und Antarktis". Der Zoologe, der bereits seit 1966 in Diensten des Berliner Zoos steht, bereist die Galápagos-Inseln jetzt zum vierten Mal. Auf Galápagos entdeckt der Wissenschaftler jedes Mal Neues im „Archiv der Evolution". Dr. Hans Frädrich wird ohne Zweifel wieder auf die Inseln kommen. Solange es sie noch gibt.

Frieden, Freude, Peitschenschwanz – Tagebuch vom 29.3.2002

Die Spanische – Española – ist die südlichste Galápagos-Insel. Der etwa zweieinhalb Millionen Jahre junge Schildvulkan von gut 60 Quadratkilometer Größe ragt kaum mehr als 200 Meter über den Meeresspiegel. Doch soll dieses Eiland zu einem der Höhepunkte der ZEIT-Reise werden, an einem Tag, der in einem ganz phantastisch rot gefärbten Sonnenuntergang enden wird, unser letzter auf Galápagos.

Den langen weißen Strand der Gardner-Bucht säumen Hunderte von schwarzen Tupfern. Erst als sich das Schlauchboot der Brandung nähert, beginnen wir zwischen Tieren und Felsen zu unterscheiden. Hier im Nordosten der Insel lebt eine besonders große und zutrauliche Kolonie von See-

Seelöwen an einem Strand auf Galápagos

löwen. Die Säuger liegen fast alle schlafend in der Morgensonne. Allein ein paar Babies regen sich im Sand, im pelzigen Fell, dem warmen Kleid für die ersten Monate, doch unnachgiebig auf der Suche nach einer der vier Mutterzitzen.

Es sind nicht unsere ersten Seelöwen auf dieser Expedition, doch heute scheinen wir ihnen anders zu begegnen. Oder sie uns. Viele von uns setzen sich zu den Tieren, legen sich neben die schlafenden Tiere. Ganz nah, um den Atem zu hören, manchmal ein leises Schnarchen. Wir haben uns offensichtlich etwas verändert während dieser Reise. Statt viel zu fotografieren, versuchen wir jetzt, den Tieren hautnah zu sein, suchen wir den Anblick, die Geräusche und den Habitus zu verstehen. Vielleicht können wir von dieser Friedfertigkeit lernen. Vielleicht lässt sich dieses ausgelassene Glück ergründen, dieses Leben ohne erkennbare Sorgen. Warum wurde der Mensch nur Mensch?

Nach einem langen und nachdenklichen Besuch der Seelöwenbucht tauchen wir in eine andere Welt ein. Auf Sichtweite liegt die Schildkröten-Insel, karg und klein. Um so üppiger jedoch die Unterwasserpracht, die wir durch das Glas unserer Masken nun entdecken.

Meerechsen

Brauner Pelikan

Da schlängelt sich eine getigerte Seeschlange über den steinigen Grund, unlieb attackiert von einem kräftigen Drückerfisch. Doktorfische grasen auf den muschelbewachsenen Felsen. Zigtausende fingergroßer und silbern schimmernder Schwarmfische wenden sich zu synchronen Unterwasserbildern. Eine Symphonie fürs Auge. Halbtransparente Seenadeln stechen durch das flache Wasser. Ein Drücker mischt nun einen großen Seestern auf, legt ihn aufs Kreuz, mit den leuchtend roten Pocken in den Sand. Sofort zieht der Stern seine Strahlen zusammen und sucht nach einer Kugelposition, um seinen empfindlichen Bauch in Sicherheit zu rollen.

Still und stumm stehen ein paar Kofferfische rum. Wimpelfische ziehen in gewohnten Paaren um ihren besetzten Fels. Frieden auch unter Wasser. Verwunderlich bleibt, warum so viele Korallenfische in diesen strömungsstarken Gewässern leben, wo es doch kaum Korallen gibt. Sie haben sich offenbar der Umgebung angepasst, wie die Meerechsen, die unter Wasser Algen speisen, oder Spechtfinken, die mit Holzwerkzeugen Würmer aus Astlöchern pulen. Hier im Archiv der Evolution lagern bis heute die Bilder von der Entstehung der Arten.

Spektakulär ist auch der letzte Landgang an der Punta Suarez auf Española. Hier, wo es Ende der 70er Jahre gelungen war, Heerscharen von Ziegen auszurotten, sind die heimischen Elefantenschildkröten mit dem mächtigen Sattelpanzer wieder ausgewildert und mehren sich erfolgreich, jenseits unseres Besucherpfades allerdings. Dennoch wartet in der Landungsbucht ein stattliches Empfangskommando aus Seelöwen, Roten Meerechsen, Lavareihern, Blaufußtölpeln und Pelikanen.

Unschön für das sentimentale Empfinden müht sich ein junger Seelöwe am Strand mit einer großen offenen Wunde. Ein Hai hat ihm die Schwanzflossen nahezu abgebissen. Wenige Meter weiter begegnen wir einer großen Meerechse, die einen zum Zickzack verformten Schwanz hinter sich her zieht – Erinnerung an einen Seelöwenangriff.

Der natürliche Kampf der Kreaturen setzt sich fort, als wir zwei ausgewachsene Lavaechsen entdecken. Hektisch pumpen sie ihre leuchtend roten Bäuche auf und peitschen sich in blitzartigen Bewegungen ihre langen Schwänze um die Ohren. Das umkämpfte Territorium ist offensichtlich bloß ein flacher Stein. Doch es scheint der einzig würdige für die Auserwählte.

Auf einer anderen Klippe breitet sich ein Vogelparadies aus. Die Maskentölpel paaren sich im Moment, und die Albatrosse werden im April erwartet. Deren Brutplatz ist natürlich flach und frei von Hindernissen, denn die großen, schweren Seevögel sind katastrophale Starter und Lander. Ohne Gegenwind würden sie gar nicht abheben. Und ein Baum über dem Nest würde eine sichere Bruchlandung bedeuten.

Nach einem mehrstündigen Rundgang dringt nun wieder der Würggesang der Seelöwen in unsere Ohren. Beeindruckt von Española und nachdenklich besteigen wir die Boote. Am Horizont zeigt sich bereits in zartem Rot, was uns den letzten Abend auf der Lili Marleen einläutet. In der Nacht beleuchtet dann der Vollmond das Deck. Unfassbar, dass wir morgen gehen müssen.

Manchmal waren wir ein Stück Galápagos. Doch wir sind nur zu Besuch. In die Glücksgefühle mischt sich gelegentlich die traurige und wichtige Erkenntnis: die Natur braucht uns Menschen nicht. Und sie wird uns allemal überleben, sei es im Zickzack oder auf dem Rücken.

Online-Tagebuch – DIE ZEIT im März 2002

DIE BANANENPASSAGE NACH HAMBURG

WENN DIE BANANEN SCHLAFEN

Mit dem Frachtschiff vom südamerikanischen Ecuador nach Hamburg

Puerto Bolívar/Ecuador. Schnarrend austretender Dieselmief aus rund zwanzig museumsreifen Kleinlastwagen mischt sich unter die warme Brise des Pazifiks. Lautes Rollen, Fauchen und Zischen der Verladekräne wachsen zum mitternächtlichen Hafenkonzert mit dem unentwegt dumpfen Aufschlagen der Bananenkartons. Gelegentlich knallt eine Palette wie ein Paukenschlag zu Boden.

An den Pollern lehnen die Fahrräder der Packarbeiter. Unter den grellen Kegeln weißer Scheinwerfer wachen die Qualitätskontrolleure mit Thermometer, Säuretestern und Millimetermaß über die grünen Früchte. Normgerechte Verschiffung für den alten Kontinent. Bitterfeuchter Geruch steigt aus den Kartons. Es ist die letzte Nacht im Hafen.

Als ich aufwache, pfeift der Wind um die Kajüte. Auf dem Tisch vibrieren ein paar Bögen Schreibpapier: Die Maschine der „M/V Spica“ arbeitet. Der Vorhang bäumt sich weich mit dem Rollen des Frachters. Es ist 8.40 Uhr. In der Offiziersmesse wartet unter Aluminiumfolie ein müdes Frühstück. Drei Stockwerke darüber schiebt Ramon, der Dritte Offizier, Wache: „Good morning. How are you doing?“ Die meisten schlafen noch. Wir haben erst im Morgengrauen losgemacht. Neben den Seekarten liegt das Logbuch: „31.7.98, 6.10 h, all lines clear, departed from Puerto Bolívar to Hamburg and St. Petersburg via Balboa.“ Der Lotse war längst von Bord, die Frachträume verriegelt. Ich hatte meine Abreise schlicht verschlafen.

Während Ramon den Wetterbericht studiert, schaue ich bei einer Tasse Pulverkaffee von der Brücke: Holzpaletten, Motorwinden und Lüftungsrohre liegen zwischen den grauen Deckeln der Frachträume. Darüber ragen Ver-

Überprüfen und Laden der Bananenfracht in Puerto Bolívar

ladebäume, Stahlseile und vier verwaiste Kranführerhäuschen. Im Bauch des 117 Meter langen Kühlschiffes fällt die tropische Bananen-Ernte allmählich in den Reifeschlaf. Vor den Ankerwinden erstrecken sich 11.000 Kilometer Wasserweg, ein Viertel des Erdkreises. Das Schiff muß neun Millionen Bananen möglichst schnell und schadlos über die Meere bringen. Ein stopfender Gedanke.

Die Messe ähnelt einer kleinen Betriebskantine, schlicht wie ein Bauwagen. Eine Hinweistafel warnt davor, Drogen zu schmuggeln, auf See Maschinenöl zu entsorgen und der US-Küstenwache angetrunken in die Hände zu fallen.

In der Messe serviert Carmelo, der Koch, an diesem Tag eine japanische Fischsuppe, Shrimps-Omelette und fischgefüllte Teigtäschchen in Sojasoße. Als das Taxigeschäft im philippinischen Davao immer schlechter lief, ließ Carmelo seinen Wagen stehen und entschloß sich, im Alter von 42 Jahren noch einmal die Schulbank zu drücken. Jetzt fährt er zur See. Den rohen Fisch des Mahls, das der Koch serviert, teilen sich Stäbchen haltend meine beiden Tischnachbarn aus dem japanischen Kanagawa: der etwas störrische Chief Engineer Teruhisa Abe, dessen Rauchgewohnheiten sich denen seiner Maschine angeglichen zu haben scheinen, und der stets freundliche Kapitän Yasukazu Tanigami. Carmelo hält mich noch nicht für Sushi-tauglich. Immerhin darf ich an den schwer gesalzenen Pflaumen und den schwarzen Seegrasoblaten naschen.

Schon in den siebziger Jahren fuhr Antonio Bananen von den Philippinen nach Japan und China. Der heute 64jährige ist Chief Officer und der erfahrenste Seemann der 19köpfigen Crew aus dem westpazifischen Reich der 7000 Inseln. Nach dem Tod seiner Frau hatte er sich schon zur Ruhe gesetzt, als sein Nachbar ihm in seiner Trauer und Einsamkeit helfen wollte, und der war Manager bei einer japanischen Reederei. „Jetzt bin ich schon wieder zwölf Monate auf See. Ich warte auf meine Ablösung, vielleicht im Dezember…“ Denkt Antonio an Davao, liegen Schmerz und Sehnsucht in seinen dunklen Augen.

„Ein Uhr dreißig Weltzeit.“ Aus dem Kurzwellenempfänger verkündet die Deutsche Welle das Inkrafttreten der Rechtschreibreform, das ist für die Schifffahrt nicht ohne Folgen. Die Nacht ist still auf der Brücke. Der Radar und das matte Licht der Armaturen lassen das Schaltzentrum des Frachtschiffs fast im Dunkeln. Matrosen auf irgendwelchen fernen Schiffen palavern auf den Funkkanälen. Wir schauen schweigend auf den vom Mond beschienenen Signalmast am Bug.

Kapitän Yasukazu Tanigami entdeckt faule Fracht

Bananenkontrolle. Die katakombenartigen Gänge zwischen den meterhohen Kartonstapeln liegen voll mit Kabeln, Rohren und Seilen. Die Kühlaggregate und Ventilatoren brüllen die Bananen an. Antonio und der Matrose Randolph messen die Temperatur in den letzten Winkeln der Frachträume. Das Reifen ist nicht aufzuhalten, allenfalls durch Kühlen zu verzögern. Bei konstanten 13,3 Grad überleben die Früchte am längsten. Steigt das Quecksilber über die Marke 14, wachen die Bananen auf, reifen, bilden Zucker und Fruchtsäure und beginnen bald zu stinken. Unter 12,5 Grad erfrieren sie unaufweckbar.

Am nächsten Morgen liegen wir in der Bucht vor Panama vor Anker und warten mit 30 anderen Frachtern auf Einlaß in den Kanal. Die Philipinos fischen am Heck. Am Spätnachmittag endlich kommt der Lotse an Bord. Kurz hinter der hohen Eisenbrücke nach Balboa und Panama-Stadt klettern auch noch zehn Männer an einer Strickleiter zu uns empor und verteilen sich auf dem Deck: Die „PCC-Linehandler", das Schleusen-Team der Panama Canal Comission. Sie bringen uns bald 25 Meter hoch auf den zentralamerikanischen Isthmus, assistiert von vier „Eseln", silbergraue Zahnradbahnen mit Bimmelsignal, die sich über Schienenrampen und uns über die Schleusenkammern nach oben manövrieren. Zwischen den „Locks" gehen

Das Hauptdeck der M/V Spica

die Linehandler einem Nebenerwerb nach, bieten Silbermünzen, Pornohefte und Hängematten feil.

Nach neun Stunden erschöpfender Nachtfahrt erreicht die Spica das karibische Meer; es ist rauh und schäumend. Wo der Bug tief in die Wellen taucht, drücken die Planken das Meer spritzend auseinander. Weißer Nieselregen salzt die Lippen, bricht sich in kleinen Regenbögen und benetzt das rostbraune Deck mit einem blassen Film. Manchmal schießt die Gischt meterhoch über die Ankerwinden. Der Wind pfeift schräg durch die Stahlseile und Ladebäume und umfaucht die Brücke.

Nach den langen Nächten in Ecuador und Panama gibt es abends Hummer und geräucherten Lachs. Der Chef-Machinist spendiert dazu eine Flasche Brandy und erzählt Frauengeschichten. Zum Nachtisch gibt es Bananen.

Im Maschinenraum lärmt es wie unter einer Flugzeugdüse. Bei 47 Grad Celsius ist dies ein wenig besinnlicher Ort. Hier unten treffe ich „Wiper", „Oiler", „Engineer". Andres, den Zweiten Maschinisten, habe ich noch nie zuvor gesehen, obwohl wir bereits seit fünf Tagen zusammen auf dieser kleinen stählernen Insel leben. Der freundliche Techniker und Vater von „nur sieben" Kindern zeigt mir seine Maschine und ihre sechs Zylinder, die den Kahn mit der rhythmischen Stärke von 7200 Pferden durch die Wogen drücken. Hier tuckern auch der Stromgenerator und die Wasseraufbereitungsanlage. Heiße, laute Welt. Allein der Schaltraum ist klimatisiert. Sensoren und Computer steuern den Schlaf der grünen Früchte.

Nördlich von Puerto Rico verlassen wir die Karibik, während die Matrosen das Deck grün tünchen und die Seile schmieren. Kaum Verkehr auf der Route. Bei 30 Grad Nord treffen wir auf das berühmte Azorenhoch, das gerade seiner Lieblingsbeschäftigung nachgeht, indem es atlantischen Tiefausläufern von Südwesten in den Rücken fällt.

9. August, zehn Uhr. Ortstermin mit der Polaroidkamera an Kühlraumluke vier. Yasukazu Tanigami führt einen stinkenden Beweis ans Tageslicht: eine Kiste „Goldfinger" ist aus dem Schlaf erwacht: goldgelb mit braunen Sprenkeln. Diagnose: zuviel Sonne vor der Einlagerung. Beginnt nun eine Wettfahrt gegen die Zeit? Schlaf, Banane, schlaf!

Majong ist eine chinesische Mischung aus Rommee und Domino, und besonders Samstag abends wird es spät am Spieltisch in der Mannschaftsmesse. Das Fernsehen zeigt schlechte Musikvideos mit Untertiteln, das Mikrofon kreist bei spanischem Brandy und Dosenbier: Karaoke aus sehnsüchtigen Männerkehlen: „Country roads take me home". Auf dem Tisch stehen

Reis und Rohfisch mit Rettich und Zwiebeln zum Verzehr. An der Wand eine alte E-Gitarre und ein Sanyo-Kalenderblatt-Model mit Dollarzeichen auf dem Bikini-Slip. Daneben ein Gebet. „I am sailing." Bei „Spanish Eyes" singen alle mit. Die Stimmung hat etwas von Jugendzentrum und Club der einsamen Herzen. Selbstverwaltet und frauenlos. Das Schiff ist nicht mehr Schiff. Die Messe wird zu einer kleinen Welt auf der winzigen Insel Spica. Einige der Männer sind bereits 16 Monate auf See und haben außer den Häfen kaum Land gesehen.

Beim Sonnenaufgang des 14. August fliegen Möwen um das Schiff. England liegt unter dunklen Wolken. Im Osten erscheint nachmittags die französische Insel Alderney. Im englischen Kanal säumen Ölplattformen die Fahrspur. Frachterkolonnen ziehen ihre Bahnen, und Freizeitsegler tanzen auf den Wellen. Des nachts passieren wir die Straße von Dover. Tagsdrauf bringt uns der erste deutsche Lotse bis Brunsbüttel. Es ist der freundliche Herr Hiob aus Cuxhaven. Am Morgen dann Villen, Fischmarkt, Speicherhäuser und die Docks von Blohm & Voss. Hafenstraße, Michel, die Landungsbrücken und schließlich der „Bananenschuppen". Meine philippinischen Freunde werden ein paar Stunden Ausgang haben. Jeder denkt nun nur an eine ferne Frau und hat im Moment nur eine einzige Frage. „Gibt es Telefonkarten in Deutschland?"

Reisereportage – Frankfurter Rundschau vom 24.10.1993

ANHANG

Spiel der Verrückten [Seite 10]

Nach der Atlantiküberquerung fuhr die „Rembrandt van Rijn“ drei Jahre lang als Kreuzfahrtsegler in der Karibik. Vor den zentralamerikanischen Küsten von Belize und Panama beherbergte sie vor allem Taucher. Im Dezember 1998 folgte der Gaffelschoner quasi dem Autor nach Ecuador. Nach der Durchfahrt des Panama-Kanals steuerte die Rembrandt auf die Galápagos-Inseln zu, wo sie bis 2002 mit ecuadorianischer Crew fuhr. Der Eigner der Oceanwide Sail Expeditions beförderte Frank, den einstigen Maschinisten der Transatlantik-Passage, bald nach der Ankunft in Mittelamerika zum Kapitän des Schiffes. Spätestens auf Galápagos verlangte der Naturschutz eine Abkehr von der These des Maschinisten, „Heineken“-Dosen seien nur kleine Häuschen für die Fische.

Spagat im Biotop [Seite 18]

Der Interessenkonflikt der in Cuyabeno lebenden Indianer zwischen Tourismus und Ölindustrie hat sich weiter verschärft. Dabei sei das Ganze vor allem „ein Korruptionsproblem“, berichtet der lange Zeit in Cuyabeno forschende deutsche Zoologe Albrecht Pfrommer. Er erlebte selbst, wie Gemeindemitglieder Einverständniserklärungen an Ölfirmen verkauften, in denen sie seismischen Messungen und selbst Probebohrungen in dem Reservat zustimmten. Derartige Machenschaften verhöhnen besonders diejenigen Sionas, die den Tourismus als langfristige Alternative ernst nehmen. Die Sionas setzen seit 1999 auf ihr eigenes Tourismus-Unternehmen „Sionaturs“. Die GTZ hat sich im selben Jahr 1999 vereinbarungsgemäß aus der Beratungsarbeit zurückgezogen. Während die Seen von Cuyabeno weiterhin zu den größten Attraktionen im ecuadorianischen Amazonasgebiet zählen, sehen sich die Tourismusveranstalter und lokalen Partner in den vergangenen Jahren einem neuen Problem ausgesetzt. Der Bürgerkrieg im angrenzenden kolumbianischen Regenwald schwappt gerade in der Provinz Sucumbios nach Ecuador über. Der kolumbianisch-nordamerikanische „Plan Colombia“ hat nicht nur eine Flüchtlingswelle nach Ecuador ausgelöst. Die Verfolgung von Drogenanbau und „Terroristen“ im Nachbarland hat den ecuadorianischen Regenwald zu einem bedeutenden Rückzugsraum insbesondere der kolumbianischen Guerilla werden lassen. Entführungen und Drohungen gegen Gemeinden sind nun auch in Ecuadors Grenzregionen des Regenwaldes bekannt. Auch wenn die Autoren dieser Verbrechen nicht immer eindeutig nachweisbar sind, so ist der Bürgerkriegsimpakt zur Zeit spürbar stärker als der noch genauer zu bestimmende „Tourismusimpakt“.

Hintergrund: Das Faunareservat Cuyabeno und seine außergewöhnliche Biodiversität. Die 1979 gegründete „Reserva de Producción Faunística Cuyabeno" liegt im Nordosten Ecuadors in der Provinz Sucumbíos zwischen dem Amazonaszufluss Río Napo und den Grenzen zu Kolumbien und Peru. Das Gebiet des nationalparkähnlichen Reservats umfasst seit 1994 etwa 603.000 Hektar immerfeuchten Tropischen Regenwalds und ist damit das drittgrößte von 18 Schutzgebieten Ecuadors.

In Cuyabeno leben sieben kleinere indigene Gemeinschaften von fünf verschiedenen Nationalitäten: die Cofanes, Sionas und Secoyas als Ureinwohner, sowie Quichuas und Shuars, die Anfang des Jahrhunderts zugewandert sind. Dieses äußerst wasserreiche Reservat Amazoniens gehört zu den artenreichsten Gebieten der Welt und steht unter der Verwaltung des Umweltministeriums.

Den Westteil des Reservats durchschneidet eine 52.000 Hektar große Pufferzone samt Straße und Ölpipelines. Dieses als „Patrimonio Forestal" bezeichnete Gebiet wird von über 8.000 Siedlern aus verschiedensten Landesteilen bewohnt, land- und forstwirtschaftlich genutzt und ist seit den 70er Jahren eines der wichtigsten Fördergebiete der ecuadorianischen Erdölindustrie. Der Primärwald ist in dieser Zone weitestgehend zerstört.

In der Reserva Cuyabeno liegt nach aktuellem Stand der biologischen Forschung einer der artenreichsten Wälder der Welt mit rund 400 verschiedenen Baumarten auf nur einem Hektar Primärwald und höchster Diversität an Orchideen, Epiphyten und Kletterpflanzen.

Innerhalb des Reservats leben mindestens 493 Vogelarten und über 100 Arten von Säugetieren, so auch Pumas, Jaguare, Ozelote, Wasserschweine, Tapire, Riesengürteltiere, Ameisenbären, Otter, Faultiere, verschiedene Riesennagetiere, allein zehn Affenarten sowie Süßwasserdelphine und Seekühe. Hinzu kommen zahlreiche Reptilien, u.a. vier verschiedene Kaimanarten, Land- und Wasserschildkröten, Schlangen wie die Boa und Anakonda. Die immense Artenvielfalt an Insekten in Cuyabeno ist wissenschaftlich noch weitgehend unerforscht.

Das Faunareservat wird durchzogen von einem feinadrigen Flusssystem, dessen Hauptläufe der Río Aguarico und der kleinere Río Cuyabeno bilden. Diese Flüsse und drei weitere Seengebiete des Reservats, darunter die 14 „Lagunas de Cuyabeno", tragen maßgeblich dazu bei, dass das Einzugsgebiet des Río Napo mit fast 500 bislang entdeckten Fischarten zu den artenreichsten Gewässern der Welt zählt.

Wasserschwein zum Frühstück [Seite 22]

Im Dezember 2000 zog sich der DED aus dem ATACAPI-Projekt zurück. 1997 hatte Martin Jovanov als DED-Nachfolger von Susanne Schmall das Ökotourismusprojekt übernommen. „Es boomt", zeigte sich Jovanov zum Abschluss zuversichtlich, denn schließlich macht ATACAPI bei jährlich zwischen 200 und 300 Touristen nun erstmals leichte Gewinne. Die Gäste kommen meist aus der Schweiz, Belgien und Deutschland, vielleicht auch ein Ergebnis der Internationalen Tourismusbörse in Berlin, wo sich ATACAPI erstmals 1999 präsentierte.

Da das ecuadorianische Tourismusgesetz es bisher untersagt, dass ein Gemeindeprojekt wie ATACAPI als eigenständiger Verkäufer auftritt, sind die Gemeinden unter DED-Vermittlung für die Vermarktung mit dem Reiseveranstalter PAGANGU ein Joint-Venture eingegangen (Mail: papangu@ ecua.net.ec). Touristen können Aufenthalte pro Tag und pro Person für 30 bis 45 Dollar buchen. Freilich sind das Preise, die der gewöhnliche Ecuadorianer nicht zahlen kann. „Mittelfristig" solle aber der „nationale Tourismus eingebaut werden", sagte Jovanov zum Ende seines Einsatzes.

Einen herben Rückschlag erlitt auch ATACAPI, als das Gebäude des Indianerverbandes OPIP 2001 vollständig niederbrannte. „Das Projekt wurde zuletzt auf dem Internationalen Forum in Hannover 2002 vorgestellt und scheint sich trotz der Schwierigkeiten langsam international zu etablieren", berichtet Martin Jovanov, der heute für die Stiftung Oro Verde in Frankfurt am Main arbeitet, aber weiterhin in Kontakt zu ATACAPI steht.

Umweltpark im Minenfeld [Seite 28]

Obwohl das Friedensabkommen von 1998 zwischen Ecuador und Peru Geld für die Minenräumung zusicherte, sind zwei Jahre später erst wenige der hastig und weitestgehend ohne Plan gelegten Minen entfernt worden. So besteht für die in den Wäldern jagenden Shuar nach wie vor Lebensgefahr. Allein in Tiwinza seien im Jahr 1999 dreizehn Menschen durch Minen getötet worden. Bis September 2000 kamen drei weitere ums Leben, berichtete Silverio Jindiachi, Präsident der ecuadorianischen Shuar-Föderation. Auf Grund der Minengefahr beim Betreten des einstigen Kampfgebietes ist der „Umweltpark" bis heute vollends ungeeignet für einst erwogene biologische und gar touristische Aktivitäten. Die deutsche Entwicklungshelferin Ulrike Fullriede in Macas hakte Ende 2002 noch einmal nach. Sie sprach mit Santiago Kingman von der Umweltstiftung „Fundación Natura" und dem Shuar Franklin Kuja aus der Gemeinde Nunkui über die Situation im einstigen Kriegsgebiet.

Demnach ist es um das kleine umstrittene Fleckchen Erde ruhig geworden. Der Umweltpark ist heute eine Schutzzone mit dem Namen „Parque de la paz" – Friedenspark. Während Peru bereits eine Schneise in die Region um Tiwinza geschlagen hat, verharrt die ecuadorianische Zufahrt von dem Ort Limón in den Park weiterhin im Planungszustand.
Allerdings bereitet die Regierung in Quito offensichtlich die Ausbeutung erhoffter Kupfervorkommen in der Region vor. Ein kanadisch-ecuadorianisches Firmenkonsortium entsendet bereits Ingenieure in die Schutzzone. Das verminte Umfeld des Friedensparkes ist ansonsten militärisches Sperrgebiet. Die Minen sind zwar bis heute nicht geräumt, doch soll es ob der Sperrung mittlerweile keine Menschenopfer mehr geben.
Die Shuar-Verbände Ecuadors und Perus kommen bei ihrer grenzübergreifenden Verständigung nur langsam voran. Zu groß sind die Probleme im eigenen Land. In Ecuador wurden die Shuar bereits kurz nach dem Krieg von einer Tollwutepidemie heimgesucht, die ihr Vieh vollends dahinraffte. Kingman und Kuja beklagen, dass sich die Regierung acht Jahre nach dem Krieg nicht mehr für ihre Integration und sozialen Belange der Shuar interessiert, aber auch der Umweltschutz im einst stolz ausgerufenen „Umweltpark" heute keine Rolle spielt.

Pipeline durchs Paradies [Seite 31]

Der Bau der OCP-Pipeline geht auch Anfang 2003 weiter. Der Vulkanausbruch des Reventador im November des Vorjahres hatte die neue Röhre zwar beschädigt, doch keine wesentliche Bauunterbrechung erforderlich gemacht. Derweil wachsen die internationalen Proteste der Umweltschützer. In Deutschland haben sich die Organisationen „Rettet den Regenwald", „Urgewald" und Greenpeace mittlerweile mit weiteren internationalen Nichtregierungsorganisationen vereint im Protest gegen die „West LB-Pipeline", wie sie dort nach dem Hauptfinanzier benannt wurde.
2002 beauftragten die Umweltschützer einen international renommierten Sachverständigen und ehemaligen Weltbank-Inspektor mit der Erstellung eines Gutachtens über die Umweltauswirkungen der OCP. Das vorliegende Ergebnis der Studie widerspricht in fast allen wesentlichen Punkten der Aussage von Ecuadors Regierung, die OCP genüge Weltbank-Standards. Das für die Regierung in Quito, aber auch für die West LB in Düsseldorf vernichtende Ergebnis der Studie veranlasst die Projektbefürworter jedoch nicht zu einem Rückzug aus dem Investment.
In Ecuador selbst setzen sich die Proteste der Anwohner und Umweltschütz-

er an der Pipelinetrasse fort. Immer wieder kommt es zu Besetzungen von Land, Bäumen und Maschinen. Mehrfach verhaftete die Polizei bereits Pipeline-Gegner.

Rückzug vor der Rebellion im Wartezimmer [Seite 56]

Im November 2002 besuchten Dr. Reinhard und Ulrike Puder zum wiederholten Male das Gesundheitsprojekt von DONUM in Cuenca, dessen Augenpraxis sie 1996 an lokale Ärzte übergeben hatten. Dieses Mal kamen sie zum zehnjährigen Jubiläum von DONUM, das mittlerweile zu einer Poliklinik mit jährlich über 15.000 Behandlungen angewachsen ist.
Zurück in ihrer neuen Heimat Bonn erzählen sie noch immer beeindruckt von der jüngsten Reise: Das mittlerweile moderne medizinische Zentrum zählt heute zwölf fachärztliche Spezialgebiete, zwei Operationsäle und mehrere Betten für stationäre Behandlungen. Die Augenabteilung mit heute drei ecuadorianischen Augenärzten wurde zu einer tragenden Säule von DONUM entwickelt. Noch bei einem Cuenca-Aufenthalt im Jahr 1998 hatten Reinhard und Ulrike Puder die Implantation von Kunststofflinsen bei Operationen des „grauen Stars“ fachlich eingeführt. Die Augenärzte von DONUM pflegen das deutsche Fachwissen und die erlernten Methoden. Auch Doctora Rosa Granda, die einst von Dr. Reinhard Puder zur Spezialistin ausgebildet wurde, ist weiter im Team.
Reinhard Puder ist sichtlich glücklich über die Entwicklung, die das Projekt genommen hat: „Besonders freut mich, dass einer der Augenärzte mittlerweile an der Universität von Cuenca doziert. Bei unserem Jubiläumsbesuch durften wir sogar miterleben, wie Medizinstudenten in unserer Augenambulanz ausgebildet wurden.“
Da die Sozialausgaben Ecuadors seit 1999 noch einmal um 60 Prozent gesunken sind, suchen nun selbst Patienten mit bisher mittleren Einkommen Hilfe bei DONUM. Das Projekt gewinnt daher immer mehr an Bedeutung in Cuenca: „Mein Einsatz in der Entwicklungshilfe war keine Einbahnstraße, ich habe nicht nur gegeben, sondern auch sehr viel bekommen. Ich verspüre heute eine große Dankbarkeit und Gelassenheit“, erzählt Dr. Puder, der der Augenabteilung zusammen mit seiner Frau auch künftig mit Rat und Tat zur Seite stehen will. Denn das engagierte Paar steht weiter in ständigem Kontakt mit den Freunden und Kollegen in Ecuador. Spender aus Deutschland machten es 2002 erneut möglich, optische Geräte und Operationsinstrumente zu beschaffen.
Für Ulrike wie auch für Reinhard Puder war das Wiedersehen mit dem Prä-

sidenten des Gesundheitsprojektes, dem mittlerweile im Ruhestand befindlichen Erzbischof Luis Alberto Luna Tobar, „der bewegendste Moment der Reise".
Bei dem jüngsten Besuch von DONUM empfand Ulrike Puder vor allem „ein Gefühl des Loslassens, da ich sah, dass die Arbeit in der Augenabteilung von unseren ecuadorianischen Freunden gut und mit aller Selbständigkeit getan wird."
Das Engagement in der Entwicklungshilfe ist noch nicht zu Ende. Reinhard Puder bringt seine Erfahrungen aus Cuenca heute im Freundeskreis des Lateinamerikazentrums in Bonn ein. Und für die Zukunft plant er weitere Kurzzeiteinsätze in bereits bestehenden Projekten der Entwicklungshilfe.
Zur Geschichte des Portraits: Ich lernte Reinhard und Ulrike bei meinem ersten Flug nach Ecuador im Jahr 1993 kennen. Ihre Idee des Auswanderns zu neuen Ufern lag der meinen sehr nahe. Von dem Projekteinsatz in Cuenca und der ersten Augenoperation, die ich journalistisch begleiten durfte, war ich sehr beeindruckt. Durch DONUM lernte ich schließlich auch Erzbischof Luna Tobar kennen, der wiederum meinen journalistischen Weg noch vielmals kreuzen sollte. Ich habe Reinhard und Ulrike Puder mehrfach portraitiert, auch für Tageszeitungen, Fachzeitschriften und weitere Kirchenzeitungen. Der Beitrag in „Eine Welt" und das Interview waren die umfangreichste Arbeit über das Paar. Heute würde ich mich mit einem neuerlichen Portrait schwer tun, denn mir fehlt die nötige journalistische Distanz: Wir sind in Ecuador enge Freunde geworden.

Stierkämpfer, Journalist und Menschenrechtler [Seite 61]

Der „rebellische Bischof", wie ihn das Magazin „Vistazo" bezeichnet, ging im März 2000 in den Ruhestand. Luis Alberto Luna Tobar empfindet das vor allem als eine Befreiung von der Fülle der Amtspflichten.
In seiner Kür hingegen besucht er weiter die Gefangenen in den Haftanstalten und hält die Messe in der vollen Kathedrale. Sein Gesundheitsprojekt DONUM in Cuenca ist – auch dank internationaler Hilfe (siehe „Rebellion im Wartezimmer") – zu einer etablierten Poliklinik gewachsen, ohne seine Option für die Armen fallenzulassen.
Der pensionierte Luna Tobar ist heute Präsident der regionalen Menschenrechtskommission, hat eine eigene Radiosendung erhalten und lehrt Theologie an der Universität in Cuenca. Auch im „El Mercurio" schreibt er weiterhin auf der Meinungsseite.
Für großes Aufsehen sorgte Alberto Luna im Januar 2000 während des Put-

sches gegen den Ex-Präsidenten Jamil Mahuad. Von den protestierenden Indianer- und Menschenrechtsgruppen wurde er damals zum Präsidenten eines Alternativparlaments gewählt. Er selbst sprach von einem Beginn des „Kampfes gegen die Verlogenheit". Soweit kam es jedoch seinerzeit nicht. Der „alte Kampfhahn" (Vistazo) schreibt derzeit seine Memoiren. Auch äußerlich hat sich der bald 80-jährige Luna Tobar verändert. Der „Ehrenbischof von Cuenca" trägt nun einen wolligen weißen Vollbart, wodurch er noch väterlicher wirkt als je zuvor.

Meerschweinchen vom Grill [Seite 65]

Zur Geschichte des Artikels: Während das Feature über die ecuadorianische Spezialität Meerschweinchen bei GEO special platzbedingt nur in einer kürzeren Fassung veröffentlicht wurde, bot ich das Thema Wochen später auch dpa an. Der zuständige Redakteur war beeindruckt von diesem kulinarischen Festtagsbrauch aus den Anden und fragte, ob er das Stück auch als „Weihnachtsgeschichte" bringen dürfte. Ich stimmte zu. In etwa eingeführt als „während anderenorts die Gänse das Fürchten lernen, zittern Ecuadors Meerschweinchen vor den Festtagen…" ging dieses kleine Feature Ende 1997 von TAZ bis FAZ durch die deutsche Presselandschaft. Vielleicht war es der meistgelesene Beitrag, den ich je geschrieben habe.

Die letzten Eisminen Amerikas [Seite 68]

Die Gebrüder Ushka gehen weiterhin regelmäßig hoch in die Eisminen. Noch ist ihr Beruf nicht ganz ausgestorben. Im Frühjahr 2002 besuchte der Tiroler Bergsteiger Reinhold Messner die Eisholer im Rahmen einer Expedition der Wochenzeitung DIE ZEIT. Messner hatte wenige Wochen zuvor sein neuestes Buch über die Bergvölker der Welt vorgestellt. Im Rahmen der ZEITREISEN werden die Eisholer vom Chimborazo auch künftig mindestens einmal im Jahr Besuch aus Deutschland bekommen, denn die Trekking-Tour bleibt ein fester Bestandteil des ZEIT-Reiseprogramms (siehe: www.zeit.de/zeitreisen).

Zur Geschichte des Artikels: Die Reportage war eine Auftragsarbeit für das Magazin GEO, die dort jedoch nicht zur Veröffentlichung kam. Sie war gekoppelt an einen Beitrag über die Kulturgeschichte des Natureises, welche schließlich wegen der schwierigen Beschaffung von Bildmaterial verworfen wurde.

Krieg in den Mangroven [Seite 82]

Der drohende Ausverkauf von Ecuadors Küste findet zunächst nicht statt. Noch 1999 stoppte der ecuadorianische Nationalkongress die von der Industriekammer forcierte Gesetzesvorlage. Doch ausschlaggebend für die Ablehnung waren weniger die Proteste von Mangrovenbewohnern und Umweltschützern, sondern der von den Camaroneros selbst eingeschleppte Shrimps-Virus „mancha blanca". Offensichtlich aus ausländischen Laboren gelangten mit dem „Weißfleck"-Virus infizierte Larven nach Ecuador, wo sie künstliche wie natürliche Lebensräume der Garnelen erreichten und in kürzester Zeit rund 70 Prozent der nationalen Produktion zerstörten. „Dank" der Krankheit verlor die Garnelenindustrie bis auf weiteres ihr Interesse an einer Ausweitung der Zuchtbecken.
Unterdessen versuchen die anliegenden Gemeinden die Zeit für sich zu nutzen. Seit Januar 2000 gibt es sogenannte „zonas de recuperación", ein Wiederaufforstungsprogramm für Mangroven. Zum anderen haben sich die Einwohner selbst ein Concha-Fangverbot auferlegt, um den natürlichen Bestand wieder zu erhöhen.
Die Entwicklungsorganisation FEPP unterstützt die Mangrovenbewohner weiterhin im Kampf um ihre Lebensgrundlagen. Ob diese Initiativen nachhaltige Wirkung zeigen, hängt auch davon ab, wie sich die Garnelenindustrie verhalten wird, wenn die hausgemachte Virusepedemie überwunden ist. Neue Konflikte trägt die Agroindustrie in die Mangrovendörfer: Von den gewaltigen Monokulturen der Ölpalme „palma africana" im direkten Hinterland der Mangroven treiben immer mehr Pestizide und Kunstdünger über das Flusssystem in den Küstengürtel von Esmeraldas. Der Gezeitenwald bleibt ohne Lobby.

Guayaquil [Seite 97]

Die Uferpromenade „Malecón 2000" ist architektonisch weniger grausig ausgefallen als vom Autor befürchtet. Zwar sind Erinnerungen an alte Zeiten wie Reste der Eisenbahnschienen verschwunden, doch es sind eigenwillige Formen am Ufer des Rio Guayas entstanden, die an futuristische Segel erinnern und durchaus ihre Reize haben. Leider – aber nicht überraschend – hat man die Versorgung des leiblichen Wohls am Ufer weitestgehend Imbissständen und Fast-Food-Ketten überlassen. Das schmerzt, da man in Guayaquil durchaus hervorragend essen kann.
Die Stadt in ihrem ständigen Wechsel ist sich treu geblieben, wie auch die sozialen Konflikte sich weiter verschärfen. Die Sicherheitslage in Guayaquil

ist prekär – die „allgemeine Kriminalität“, etwa Überfälle auf Stadtbusse, hat spürbar zugenommen.

Die Transandinische Eisenbahn [Seite 101]

Geschichte und Abstieg der ecuadorianischen Eisenbahn. Im Jahr 1860 begann der machtbesessene Staatspräsident García Moreno den ecuadorianischen Eisenbahnbau, doch erst 1895 schloss Präsident Eloy Alfaro, bekannt als „der einzig wirkliche Revolutionär Ecuadors“, den entscheidenden Vertrag mit US-Ingenieuren zum Bau der historischen Achse Guayaquil–Riobamba–Quito: 447 km Eisenbahn, die zur „Lebensarterie“ Ecuadors wurden. 1899 dann begannen die Arbeiten der „Guayaquil & Quito Railway Company“ im pazifischen Küstengürtel Ecuadors.

An den schmalen Gleisen, den 3 Tunnels und 95 Brücken über die 3604 Höhenmeter mussten viele Arbeiter ihr Leben lassen, bevor das eiserne Meisterwerk am 25. Juni 1908 die Hauptstadt in den Anden erreichte. Ein viertägiges Volksfest mit Banketten, Tänzen und Glockengeläut begleitete den triumphalen Einzug der ersten Bahn in Quito unter Bögen von Palmen, Lorbeeren und Blumen.

Noch bis 1965 wurde das Netz auf insgesamt 970 Schienenkilometer ausgebaut. Es verband Guayaquil, Riobamba, Ambato, Quito, Ibarra und die nördliche Küstenstadt Esmeraldas. Ein zweite Route band Cuenca an das System an.

Doch topografisch bedingt war die Bahn von Beginn an ein anfälliges Bauwerk. Schwere Unwetter hatten schon 1925 die Hauptstrecke auf 10 km Länge weggerissen, was die Verbindung der so unterschiedlichen und bis heute rivalisierenden Regionen Küste und Hochland vollends unterbrach. Die Instandsetzungspläne für diese Lebensader und ihre wirtschaftliche Kraft zwischen den Haziendas und Plantagen führten im Ecuador der 20er Jahre sogar zur „Julirevolution“, einer Staatskrise, auf deren Gipfel Präsident Gonzalo Córdoba 1925 vom Militär geputscht wurde.

Als 1982/83 „El Niño“, das bekannte Klimaphänomen mit naturkatastrophalen Auswirkungen insbesondere in Ecuador, die Bahnlinie zwischen den Metropolen erneut in Teilen zerstörte, hatte längst die automobile Revolution den ehemaligen Inkastaat erobert. Während man sich 1925 noch fragte, ob die Eisenbahn den nationalen Handel retten könne, ging es 60 Jahre später nur noch darum, ob die Wirtschaft noch einmal das defizitäre Bahnsystem erhalten konnte und wollte. Sie tat es nicht: Die Bahn, die einst für den „Beginn von Fortschritt und Entwicklung des Landes“ stand, wird von diesem jetzt aufs Abstellgleis gedrängt.

Seit 1997 versucht Ecuador nun, seine staatliche Eisenbahn an einen Privatinvestor zu verkaufen. Das Ende der „Empresa Nacional de Ferrocarriles Ecuatorianos". Die meisten ihrer Arbeiter und Angestellten sind bereits entlassen. Das Verkaufsansinnen ist jedoch bisher erfolglos.
Das Streckennetz musste immer weiter gekürzt werden, weil weitere schwere Schäden nach Erdrutschen wie 1999 bei Huigra nicht mehr repariert werden und weil andere Teilstrecken ohne Investitionen nicht mehr rentabel zu betreiben sind.
Heute verkehrt allein ein Touristenzug dreimal wöchentlich zwischen Riobamba und der „Teufelsnase", immerhin eine der spektakulärsten Passagen des alten Bahnnetzes. Die durchgehende Passage zwischen Küste und Hochland, wie in der Reportage beschrieben, ist nicht mehr zu befahren. An der Küste ist der Betrieb gänzlich eingestellt. Gelegentlich verkehren noch Schienenbusse zwischen Ibarra und Salina/Imbabura oder ein Touristenzug rollt sonntags von Quito Richtung Nationalpark Cotopaxi.

Die Bananenpreise ruinieren die Bauern Ecuadors [Seite 106]

Die ecuadorianische Milliardenklage gegen die Europäische Union (EU) hatte keinen direkten Erfog. Nach Einschätzung von Beobachtern ist eine zufriedenstellende Einigung zwischen Ecuador und den Europäern auf absehbare Zeit auch nicht in Sicht: Die Verhandlungen stecken weiterhin in einer „Sackgasse".
Derweil steht Ecuador nicht mehr alleine da. Die neun lateinamerikanischen Bananen exportierenden Länder formieren sich allmählich zu einer gemeinsame Linie in ihrer Bananenpolitik gegenüber der EU. Die Opposition gegen den europäischen Protektionismus würde damit empfindlich wachsen. Die EU hat derweil eine Übergangsregelung vorgeschlagen: Demnach soll es bis 2006 nach wie vor unterschiedlich hohe Einfuhrzölle und Quoten für verschiedene Staaten geben. Danach aber soll es einen einheitlichen Einfuhrzoll für lateinamerikanische Bananen geben. Bis dahin will man in Brüssel nach dem Prinzip „first come, first serve" verfahren. Dieses setzt ein bestimmtes Einfuhrkontigent für die EU-eigene Bananenproduktion fest. Solange diese Menge nicht erreicht ist, soll ohne Rücksicht auf Quoten und die Herkunft der Bananen soviel gekauft werden, wie in den Häfen der EU ankommt.
Ungeachtet des Handelsstreites verschärft sich auf den ecuadorianischen Bananenplantagen ein biologisches Problem. Als Folge zu großer Monokulturen breitet sich seit Jahren der Blattpilz Sigatoka aus. Die grassierende Plage droht angesichts der geringen Erlöse für die Bananen außer Kontrolle zu

geraten. Einzelne Schätzungen sprechen bereits von einem zwanzigprozentigen Ernteverlust.
Bananenmulti Alvaro Noboa hatte auch 2002 mit seiner erneuten Kandidatur zum Staatspräsidenten keinen Erfolg. Trotz eines millionenschweren Wahlkampfs unterlag er Lucio Gutiérrez.

Wir werden wie Tiere behandelt [Seite 112]

Im Jahr 1998 trat eine reformierte Verfassung in Ecuador in Kraft. Insbesondere werden darin einige fundamentale Rechtsstaats-Prinzipien betont – etwa der Anspruch auf einen fairen sowie umgehenden Prozess und die „Unschuldsvermutung". Trotz der verbesserten Rechtslage hat sich die Situation für Ausländer und Ecuadorianer in den 33 Gefängnissen nicht wesentlich verändert. „Die Köpfe der Minister und Direktoren wechseln, die Situation in den Gefängnissen nicht", sagt Estelar Garzón, Referentin für Strafvollzug von der ecuadorianischen Menschrechtsorganisation CEDHU. In der Tat: Allein der Posten des staatlichen Gefängnisbeauftragten war in den vergangenen sechs Jahren von mehr als 20 verschiedenen Männern besetzt. Nach wie vor sitzen rund zwei Drittel aller Häftlinge ohne rechtmäßige Verurteilung im Gefängnis. Nach wie vor gibt es die grausamen *calabozos.* Und nach wie vor kommen die Inhaftierten um eine kriminelle Schuldenkarriere im Gefängnis nicht herum, was angesichts der mangelnden staatlichen Unterstützung nicht verwundert: Täglich gewährt der ecuadorianische Staat jedem seiner Häftlinge weniger als einen halber Dollar Unterstützung.
Auch auf deutscher Seite hat sich wenig getan. Schon seit mehreren Jahren strebt Deutschland ein Gemeinschaftsabkommen der EU mit Ecuador an. Ein bilaterales Abkommen werde deshalb nach wie vor nicht in Betracht gezogen.
Bei der Überfüllung der Gefängnisse gab es zumindest zeitweilig Erleichterungen. Ein neues Amnestiegesetz ließ zur Jahrtausendwende etwa 2400 Inhaftierte die Freiheit finden. Doch die Zunahme der allgemeinen Kriminalität führt gleichzeitig zu mehr neuen Verhaftungen.

Die drei Präsidenten im Karneval von 1997 [Seite 123]

Fabian Alarcón führte die Amtsgeschäfte zu Ende, bis der neu gewählte Präsident Jamil Mahuad 1998 die Aufgabe übernahm. Alarcón verbrachte kurz danach mehrere Monate im Gefängnis wegen Veruntreuung von Staatsgeldern. Rosalia Arteaga verschwand nach den 1998 deutlich verlorenen Wahlen bald von der politischen Bildfläche. Der PRE-Parteiboss Abdalá Bucaram sitzt weiterhin in seinem selbstgewählten Exil in Panama. Immer wieder lädt er seine führenden Parteikollegen zu Sitzungen nach Mittelamerika ein. Den Ecuadorianern liegt er regelmäßig mit lauten und langen Radioansprachen wie „Frühstück mit Abdalá" in den Ohren. Seine mehrfachen Ankündigungen, wieder als Präsident zu kandidieren, hat er bis dato nicht wahr gemacht. Dennoch sind Bedingungen für eine Rückkehr des Parteichefs bis heute gewichtige Forderungen des PRE in den Verhandlungen im Kongress, wo seit Jahren wechselnde Mehrheiten zum Parlamentsalltag zählen.

Der einstige Befehlshaber der Streikräfte, General Paco Montayo, ist heute Bürgermeister von Quito und macht seine Aufgabe offensichtlich gut. Er ist zumindest unter den Quiteños recht beliebt.

Nach dem Putsch gegen Jamil Mahuad am 21.1.2000 kam Gustavo Noboa als bisheriger Vize an die Macht. Anfang 2003 geht dann der neu gewählte Staatspräsident Lucio Gutiérrez einen weiteren Versuch an, eine Legislaturperiode lang im Amt zu bleiben. Das gelang zuletzt Sixto Durán Ballen 1992-96. Der Überraschungssieger Gutiérrez ist übrigens einer der Putschisten von 2000.

Unsere Hure, die Freiheit [Seite 126]

Armin Dillenberger ist kurz nach der Quito-Inszenierung zum Berliner Ensemble gestossen. Der Maler Marcelo Aguirre erhielt einige Monate nach der Inszenierung für seine großformatigen Bühnenbilder des Heiner-Müller-Zyklus' den hochdotierten „Marco-Preis" in Mexiko. Auch nach Heiner Müllers Tod spielen seine Theaterwerke in Lateinamerika eine untergeordnete Rolle. Das deutsch-ecuadorianische Kulturhaus „Casa Humboldt" in Quito, das die Inszenierung und den Workshop mit Armin Dillenberger veranstaltet hatte, hat sich weiter etabliert und ist zu einem „Quasi-Goethe-Institut" aufgestiegen – gegen den Trend von Schließungen deutscher Kultureinrichtungen weltweit.

Zur Geschichte des Artikels: Der Feuilletonbeitrag für die Frankfurter Rundschau wurde im darauf folgenden Jahr 1996 in dem Kultur-Magazin „Humboldt", Ausgabe Nr. 118, auf Spanisch veröffentlicht. Er wurde so zu einem der wenigen Beiträge, auf den mich ecuadorianische und kolumbianische Freunde und Künstler immer wieder angesprochen haben. In Lateinamerika besteht offensichtlich ein großes Interesse an ursprünglich deutschsprachigen Kulturbeiträgen, wie in der „Humboldt" übersetzt.

Ecuador nach dem Putsch [Seite 130]

Antonio Vargas war für viele Enttäuschte der Held des Aufstands vom 21. Januar 2000. Doch er erwies sich in den folgenden anderthalb Jahren als zu machtversessen und mit zu wenig Format für die revolutionären Forderungen, die er noch in der Nacht des Putsches proklamiert hatte. Mit seiner Kandidatur bei den Präsidentsschaftswahlen 2002 fiel er nahezu in die Bedeutungslosigkeit.

Doch jener Oberst Lucio Gutiérrez, der in den wenigen Stunden an der erzwungenen Macht eine neue Politik forderte, „um die Ketten zu sprengen, die uns an die grausamste Korruption fesseln", dieser bis dahin kaum bekannte Mann aus der „zweiten Reihe" des Militärs gewann tatsächlich die Wahlen 2002. Mit Gutiérrez brachte ein militärakademischer Musterschüler große Teile der Indianer und der Gewerkschaften hinter sich und besiegte in der Stichwahl im November 2002 gar den Multimillionär und Bananenkönig Alvaro Noboa. Anfang 2003 übernahm Oberst Guitiérrez das höchste Amt im Staat von dem Interimspräsidenten Gustavo Noboa.

An der Dollarisierung Ecuadors will auch Lucio Guitiérrez festhalten. Über Chancen und Fesseln dieses einschneidenden Schrittes hin zu einer Finanzpolitik ohne eigene Währung schrieb ich wenige Monate nach dem Putsch ebenfalls in der ZEIT. Siehe folgender Artikel.

An den Dollar verkauft [Seite 134]

Auch 2003 bleibt der Dollar Landeswährung, was selbst der neue Staatspräsident Lucio Gutiérrez nicht ändern will. Der rechnerische Verdienst des Greenback ist zweifelsohne die Abschaffung von Wechselkursverlusten. Doch hat der Dollar sein wichtigstes Ziel, nämlich die Preisspirale zu stoppen, zwei Jahre lang weit verfehlt: Im Jahr 2000 lag die Inflation trotz Dollar bei horrenden 91 Prozent. Noch 2001 stiegen die Preise durchschnittlich um weitere 40 Prozent. Mit einer geschätzten Inflation von gut 10 Prozent liegt Ecuador selbst 2002 noch deutlich über der Preissteigerung der USA, mit denen man bekanntlich die Währung teilt.

Die Bevölkerung hat sich weitgehend an die grünen Scheine gewöhnt. Auf dem Land trifft man jedoch nach wie vor Markthändler und Bauern, die im alten Sucre zählen und anschließend in Dollar umrechnen. Beliebt ist das Geld nicht. Einzelnen Umfragen zufolge wollte auch ein Jahr nach der definitiven Einführung der US-Währung die Mehrheit der Bevölkerung zurück zu einem eigenen Zahlungsmittel.

Die Auswanderung von Ecuadorianern ist weiter stark. Unter dem verschärf-

ten Bürgerkriegszustand in Kolumbien und dem US-kolumbianischen Antidrogenkrieg hat sich ebenfalls das Flüchtlingsproblem für Ecuador erschwert. Die amerikanische Militärpräsenz ist weiterhin sehr umstritten, auch wenn die Stadt Manta wirtschaftlich spürbar von den US-Truppen profitiert.
Zumindest volkswirtschaftlich stabilisiert sich das Land derzeit. Rückläufige Inflation und Währungsstabilität haben positive Spuren bei Handel und internationalen Investitionen hinterlassen. Ein schon länger hoher Erdölpreis begünstigt diese Entwicklung allerdings.
Die Argentinienkrise hingegen verunsichert die ecuadorianische Wirtschaft. Was, wenn auch Ecuador zwischen Überschuldung und erdrückenden Konsumentenpreisen kollabiert? Schon ein längerer Ölpreisverfall kann das Land an diese Klippe bringen. Und Ecuador könnte noch nicht einmal die Währung frei geben wie Argentinien, denn Ecuador hat längst keine mehr.

El Niño: Fressgelage und Zwangsdiäten im Paradies [Seite 145]

Zwei Jahre nach dem El Niño von 1998 waren die Auswirkungen der Klimaturbulenzen auf die Galápagos-Ureinwohner weniger groß als zunächst befürchtet, sagte Felipe Cruz, Biologe der Darwin-Forschungsstation. Die Populationen von Riesenschildkröten und Darwinfinken hätten sich in etwa wieder „auf ihrem ursprünglichen Niveau eingependelt". Ein wachsendes Problem sei aber die „Explosion des Ziegenbestandes", erklärte Cruz. Allein auf Isabela, der größten aller Galápagos-Inseln, tummeln sich nun mehr als 100.000 der eingeschleppten Schädlinge, die das sensible Ökosystem gefährden. Um zumindest einen Teil davon auszurotten, wurden im Sommer 2000 fünf neuseeländische Jagdhunde importiert: Die Neuseeländer fungieren nun als Trainer einheimischer Hundewelpen, um diese fit für die Ziegenjagd zu machen. Biologen wie der Direktor der zoologischen Gärten in Berlin, Dr. Hans Frädrich, sehen eine Ausrottung der Ziegen auf den größeren Galápagos-Inseln mittlerweile als nicht mehr machbar an.

Hai-Society in Darwins Zoo [Seite 148]

Den skandalösen Haifischfang gibt es immer noch, obwohl der ecuadorianische Kongress bereits 1998 das sogenannte Galápagos-Gesetz zum Schutz des Marinereservates erlassen hat. Der Fischfang scheint sich allerdings, ersten Beobachtungen nach, nur noch auf einige Monate im Jahr zu konzentrieren. Auf Grundlage des neuen Gesetzes gibt es jetzt einen „Fischfang-Kalender", der die Fangquoten und -zeiten vorschreibt.
Eine „verbesserte Kontrolle" durch die ecuadorianische Marine sorge dafür,

dass die Fischer sich an den Kalender halten, sagen verschiedene Beobachter übereinstimmend. Die als ordentliche Fischerboote getarnten Haifänger hielten sich teilweise ebenfalls daran, erklärt der auf Galápagos arbeitende Biologe Felipe Cruz. Die Naturschützer hoffen bezüglich der Haifischerei zudem auf einen Abschreckungseffekt durch die Ende September von Jean-Michel Cousteau eingeweihte und ständig besetzte Tauchplattform vor der abgelegenenen Insel Darwin.

Auf den Spuren von Charles Darwin [Seite 156]

Die ZEITREISE nach Galágagos wird auch 2003 fortgesetzt und vom Autor als Reiseleiter und ZEIT-Referent betreut. Biologische Leiter bei den Expeditionen im Jahr 2003 sind der Naturforscher Irenäus Eibl-Eibesfeldt sowie der Zoologe und ehemalige Direktor der Charles Darwin-Forschungsstation, Friedemann Köster. Die neuen Kreuzfahrten finden an Bord der Luxusyacht Isabela II statt. Weitere Informationen unter: www.zeit.de/zeitreisen. Der Segler Lili Marleen kreuzt seit 2003 nicht mehr im Galápagos-Archipel.

DER AUTOR

Peter Korneffel wurde 1962 in Münster geboren. Als Diplom-Pädagoge arbeitete er zeitweise in der Jugendarbeit und schließlich mehrere Jahre als Kabarettist, vornehmlich als Solist in Nordrhein-Westfalen und Berlin. 1993 begann Peter Korneffel seinen journalistischen Weg: von der Bühne hinter die Kulissen, vom Zuschauer zum Leser und fast zeitgleich von Deutschland nach Südamerika. Ecuador faszinierte den begeisterten Taucher und Bergwanderer gleich seit seiner ersten Reise zum Äquator 1993. Im folgenden Jahr siedelte er mit 80 Kilo Gepäck einschließlich Kamera, Aufnahmegerät und Tauchausrüstung an Bord eines holländischen Dreimasters über Mittelamerika in die ecuadorianische Hauptstadt Quito.

Als freier Reporter für Lateinamerika schreibt Korneffel seither für deutsche Medien wie die ZEIT, die Frankfurter Rundschau, GEO, dpa und andere. Seine Themen aus Umwelt, Sozialem und Wirtschaft machten ihn ebenso zum Autor zahlreicher Medien von entwicklungspolitischen und kirchlichen Organisation. Ein zweiter Schwerpunkt des langjährigen Mitglieds von „Reporter ohne Grenzen“ sind seine Reisereportagen. 1999 veröffentlichte er mit dem „Mai`s Weltführer Ecuador“ laut FAZ das bis dahin beste Reisebuch über das Land. Ein Jahr später erhielt Peter Korneffel gemeinsam mit dem Magnum-Fotografen Aleb Webb die Auszeichnung des Hansel-Mieth-Preises für die Umweltreportage „Krieg in den Mangroven“ aus dem Magazin MARE. Bundespräsident Johannes Rau überreichte dem Reporter Peter Korneffel im Jahr 2001 den „Medienpreis Entwicklungspolitik“. Nach fast sieben Jahren im Hochland der Anden lebt der Autor heute in der kolumbianischen Hafenstadt Cartagena.

E-Mail: peter@korneffel.de — www.korneffel.de

144 Seiten,
durchgängig Farbfotos
Broschur 17 x 24 cm
ISBN 3-89502-160-1

Gernot Schley
Indianer
Der Traum vom Jahrtausend der indigenen Völker

Das Buch ist wie ein Aufbruch in eine Welt voller Geheimnisse und Überraschungen. Es romantisiert nicht und wertet nicht, sondern hält fest, wie sie leben und was sie uns zu sagen haben: Die letzten Indígenas dieser Erde.

Die Texte und Bilder in diesem Buch entstanden nach der gleichnamigen Filmreihe

Hannelore Gilsenbach
Hochzeit an der Transamazônica
184 S., zahlr. s/w- und Farbfotos, br.
ISBN 3-89502-119-9

Andreas Boueke
Kaleidoskop Mittelamerika
176 S., zahlr. s/w-Fotos und Karten
ISBN 3-89502-097-4

Arbeitsstelle Weltbilder (Hg.)
Pachamama
Globales Lernen im Dialog mit Kunst und Kultur. 128 S., zahlr. s/w- und Farbfotos, br.
ISBN 3-89502-120-2

Gernot Schley
Im Schatten der heiligen Pflanze. Boliviens Coca-Bauern klagen an.
205 S., zahlr. s/w-Fotos, br.
ISBN 3-927905-67-4

Bitte fordern Sie unser aktuelles Gesamtverzeichnis an:
Horlemann Verlag • PF 1307 • 53583 Bad Honnef
Telefax (0 22 24) 54 29 • E-Mail: info@horlemann-verlag.de
www.horlemann-verlag.de

HORLEMANN